Mi Cabello, Mi Gloria

¿Hay realmente alguna importancia?

Juli Jasinski

Traducción en español por:
Rosemary L. Valladares

Mi Cabello, Mi Gloria © Juli Jasinski 2019

El fotografía de la cubierta por Clay's Photography, Orrville, OH Modelos (de la izquierda): Maleah Roudeski, Lorrel Evans, Candice Brewer, Shannon Evans (por la cubierta original)

Todas las citas de la Escritura son de la Santa Biblia Versión Reina Valera 1960.

Todos los derechos reservados. Ninguna porción de esta publicación podrá ser reproducida, guardada en un sistema electrónico, o transmitió, en cualquier forma o por cualquier medio, electrónico, mecánico, fotocopiando, grabando, o por otra parte sin el permiso previo del autor.

Imprimido en los Estados Unidos de América

Para la información sobre *Mi Cabello, Mi Gloria*, favor de ponerse en contacto con:
        Juli Jasinski
        4 Winterberry Road
        Pelham, NH 03076
Email: Pwrxtrem2@aol.com
. **Haga todos los cheques pagable ha: Juli Jasinski**

Imprimiendo primero, 1995
Segunda impresión, 1996
Tercera impresión, 1997
Cuarta impresión, 1998
Traducción en español, 2000

La Mesa de Volúmenes

Los Reconocimientos... 7
Unas Palabras de Gratitud.. 9
La Dedicación... 11
El Prólogo.. 13
La Introducción.. 15

Capítulo Uno – La Búsqueda Empieza............................ 17
   Resultados Espirituales de la Importancia Pagana............ 20
   Qué Dicen los Comentarios de la Biblia, las Enciclopedias,
   los Diccionarios, y las Biblias de Estudio........................ 27
   La Cabeza Deshonrada.. 30
   El Escándalo de Hitler... 32
   Afeitando la Cabeza en el Culto Idolatra................ 33
   ¿Calvo era Bonito?... 34

Capítulo Dos – Cómo el Cuerpo de Cristo es Afectado.... 39
   La Batalla sobre el Cabello en el Cuerpo.................. 39
   La Unidad puesta en Peligro.................................. 41
   La Fuente de Poder Amenazada............................. 43
   La Gloria Disminuyendo....................................... 47
   La Transformación del Espíritu Santo..................... 50
   Cómo el Cuerpo es Afectado.................................. 51

Capítulo Tres – Los Aspectos Bíblicos........................ 57
   La Audiencia Angélica... 57
   Dios Envío un Sueño.. 59
   ¿Nazareos en los Años Noventa?........................... 60
   El Sueño de Cada Mujer....................................... 64
   Completa en Él.. 66
   Mi Marido, Mi Cubierta....................................... 67
   La Gloria de la Novia... 68
   El Gran Lavado.. 72

Capítulo Cuatro – Permita la Historia Hablar............... 77
   En los Días de Corinto. 77
   Los Templos Griegos. 79
   La Inmoralidad Aumenta. 82
   La Mujer Griega. 84
   La Cultura Occidental se Compara. 85
   Atrás al Día de Pablo. 86
   Los Padres de la Iglesia Temprana. 87
   La Edad Media. 91
   Las Señoras de la Edad Media. 94

Capítulo Cinco – El Declive de América Religiosa......... 101
   Una Mirada Atrás. 101
   Las Primeras Décadas. 104
   Después de la Guerra. 106
   1920, Década de Decadencia. 107

Capítulo Seis – El Cabello Corto (Bobbed) la Historia
    De las Hechuras. 111
   La Tendencia de Cabello Corto (Bobbed). 111
   El Cabello Corto (Bobbed) se Vuelve
    Las Noticias Nacionales. 113
   La Desgracia de Señoras, el Deleite de Barberos. 117
   Los Predicadores toman una Posición. 120
   El Cabello Corto (Bobbed) Aquí para Quedarse. 123

Capítulo Siete – Tiempos de Dificultad Adelante. 129
   Los Desastres Soplaron así adentro. 129
   La Gracia Forja una Manera. 131
   La Decadencia más profunda. 132
   La Década Enfadada de los '60s. 135
   La Erupción de los '70s. 137
   Los 1980s hasta Ahora. 139
   El Cristiano en una Sociedad Pagana. 141

Capítulo Ocho – Los Hechos divertidos sobre el Cabello... 144
    El Preludio al Cabello Bonito.............................. 144
    El Milagro de Cabello.. 145
    Los Hechos Divertidos...................................... 147
    Un Cabello es un Cabello................................... 149
    El Ciclo de Crecimiento de Cabello..................... 156
    La Tentación del Culpable.................................. 158
    Algunas Soluciones Simples............................... 162
    El Cabello Gris: ¿Honor Doble o Problema Doble?........ 164

Capítulo Nueve – La Criminología y
    el Estudio de Cabello.. 174
    Por un Cabello Rubio.. 174
    Colgado por Dos Cabellos.................................. 177
    El Descubrimiento de Comprobación del ADN........... 178
    La Comprobación del ADN y la Colección del   179
    Cabello

Capítulo Diez – Las Puntas Sagradas...................... 184
    El Resumen.. 187
    ¿Los Peinados Representan una Diferencia?............. 187
    La Historia de Sharon – el Día que
        Yo Perdí Mi Gloria.. 189
    La Gloria se Perdió de Nuevo.............................. 193
    La Conclusión.. 196
    Una Palabra Final... 197

El Apéndice... 200
Los Créditos de los Cuadros...................................... 206
"Pero ¿por qué tuve que pedir prestada esta copia?"........ 209
Sobre el Autor... 210

Los Reconocimientos

La realización de un proyecto así como este nunca podría ser el trabajo del autor solamente, yo estoy realmente agradecida a muchos por su tiempo, y por su ayuda, y por haberme animado a seguir adelante:

• Al SEÑOR primero, yo le agradezco con cada latido de mi corazón y cada respiro que yo tomo. Usted es todo para mí y yo doy mi vida para usted.

• A mi marido maravilloso y mí cubierta, sin ti para refugiarme, apoyarme, y animarme, mis esfuerzos serían en vano. Te adoro, amor.

• A mi pastor, usted ha sido un ejemplo piadoso para mí.

• A mis estimadas amigas Jeanne Austin y Sharon Nuss, por repasar este libro y por el cuidado que tuvieron con todos mis "p's y q's," (palabras).

• A Elaine, por las ideas y por que me animaste.

• A Joseph King y Todd Williams, por su ayudarme implacablemente en la biblioteca, y por señalar donde podría encontrar algunos de los materiales de la investigación.

• A Gene Guido, el artista y mi amigo que trae el color a mi vida, usted hizo un trabajo fantástico en el dibujo de María en la página 61.

• A dos amigas maravillosas, Donna Pereira y Mae Valentino Pickett, que estuvieron presente durante los forcejeos de este gran proyecto. Muchas veces ustedes fueron mi adrenalina en los tiempos asmáticos de mí vida.

• Al Oficial Bill Santos, por contestar mis preguntas y por haberme prestado algunos papeles de información criminal.

• A Ken S. y Carol, mis amigos escritores de OA, por animarme a recoger la pluma y empezar a escribir. Gracias, necesitaba el empujón.

• A Sharon Grider, por abrir su corazón y compartir algunas de sus experiencias,

• A Randolph Nethers y Wholesome Technologies, por su gran ayuda en la construcción de este libro.

• A Scott Fields y Offset Expression, por imprimir este libro primeramente. Si no fuera por su esposa, Mary Kay, que tuvo hambre desesperadamente de la verdad sobre el cabello y empujándome a escribir este libro, los hechos y la materia quizá todavía estuviera inactiva en alguna repisita. Pero al contrario ahora centenares están recibiendo la verdad.

• A el Hermano Daniel Segraves, un gran escritor, quien tan solo su voz retumba de una vida llena del amor y compasión de Jesucristo. Gracias por guardárme dentro del contexto.

• A el James S. Lewis, Computer Services Consultant, Gracias por ayudarme con el computer layout de la libro.

A todos ustedes, yo digo sinceramente de mí corazón, gracias.

Unas Palabras de Gratitud

Me gustaría aprovechar esta oportunidad para darle gracias al Señor por haberme enseñado la importancia del cabello. Cuando algunos creyentes cortaron su cabello me afectó terriblemente.

Yo busqué al Señor en oración; las palabras que Él contestó fueron pocas, pero nunca las olvidaré: "Tan grande precio por tan pequeño sacrificio." El precio que Él pagó fue tan grande. El sacrificio de no cortar mi cabello es pequeño en comparación.

GRACIAS a mi esposo, Jose, por las oraciones, el apoyo, y por su ayuda. Quiero también darle gracias a mis padres, Francisco y Josephina Luna, por su ayuda.

A la autora, Juli Jasinski, que también es una buena amiga, digo gracias por el privilegio. Fue verdaderamente un honor traducir este libro. *Un mundo de gracias a mi amiga,*

Rosemary Valladares — traducto

La Dedicación

Este libro se dedica afectuosamente a todas "las hermanas en el Señor," y sobre todo a las que siempre han creído y han obedecido la Escritura (1 Corintios 11:6, 14-15), y la han levantado con confianza y sin temor ensenando sus principios a otras. Segundamente, yo dedico este libro a todos aquéllas mujeres que estan en el valle de decisión...si o no cortar o recortar. Los hechos están aquí. Esta es la verdad que *os hará libres* (Juan 8:32). Antes de que usted agarre las tijeras, lea esto, y pasa la verdad mas adelante a una amiga.

Finalmente, este libro se dedica a todos aquéllas que desean leer este libro pero no aguantaron la tentación de cortar su cabello, por cual quier razón, El Señor conoce su corazón. Él sabe que usted está dispuesto a ver el asunto del cabello una vez más.

Yo humildemente escojo *soportar las flaquezas de los debiles* (Romanos 15:1) yo he de continuar *siempre en todas mis oraciones rogando con gozo por todos vosotros* (Filipenses 1:4). Que encuentre el placer completo sirviéndole a El, amigas, que sean *alumbrando los ojos de vuestro entendimiento, para que sepáis cuál es la esperanza a que él os ha llamado* (Efesios 1:18).

El Prólogo

Este prólogo fue escrito para esas amigas que realmente no entienden el asunto sobre el cabello. El apóstol Pablo escribió muchos de los libros en el Nuevo Testamento. Estos libros eran realmente cartas, más bien conocidas, como "las Epístolas." Estas Epístolas fueron divinamente inspiradas por Dios, para instruir a los cristianos en las maneras del Señor.

Cuando la inspiración viene del Señor, no es algo espectral que debemos temer sino algo que nos mueve a tomar alguna acción. Por ejemplo, usted o yo podemos ser inspiradas a escribir una carta a un amiga que puede estar hiriendo, de quizás la muerte de un esposo. O quizá usted se sentiría inspirada a llamar a alguien por teléfono, y al acerlo darse cuenta que esa persona esta pasando por uno de los tiempos más traumáticos de su vida. Pablo fue inspirado a escribir estas cartas a los miembros de la iglesia para promover un viviente de cristianismo más puro.

Todas las cartas del Nuevo Testamento fueron escritas a las iglesias ya establecidas para ayudarles a caminar más cerca a Dios. En la Epístola (2 Timoteo 3:16) dice, ***Toda la Escritura es inspirada por Dios, y útil para enseñar, para redargüir, para corregir, para instruir en justicia.*** Nosotros podemos leer esta Escritura de esta manera; "Toda la Escritura es 'theopneustos' que en griego significa, 'Diosrespiró.'" Dios respiró en cada autor para que escribiera, o mas bien Él los inspiró escribir las palabras de la Escritura en cada libro de la Biblia.

Por consiguiente, las palabras de todas las Escrituras serán recibidas como si fueran de Dios mismo. Este método de comunicación de la palabra de Dios es evidencia que el deseo de Dios es localizar al hombre con Su verdad, para que nosotros podamos encontrar el camino al cielo. El hecho que "respiró fuera" Dios mismo claramente indica que es 'aprovechable' para nosotros de cuatro maneras: **1)** "para la doctrina" para saber qué creer, **2)** "para la reprobación" para discernir lo que no se debe creer, **3)** "para la corrección" para aprender lo qué no debe hacerse, **4)** "para la instrucción en la rectitud" para entender lo que debe hacerse (Criswell, las notas del estudio, 1355).

En el Primer libro de Corintios, Pablo estaba escribiendo a los miembros de la iglesia en la ciudad de Corinto. En esta Epístola, él se enfoca en varios problemas que la iglesia estaba teniendo y el les entrega a los miembros algunas soluciones a estos dilemas. En el capítulo 11 del Primer libro de Corintios, la trata con tres áreas: **(1)** el divino ordene para el matrimonio, **(2)** la Propiedad de la alabanza, **(3)** la Cena de El Señor. Él también incluyó algunas Escrituras en las apariencias de cabello y cómo sería cuidado por los hombres y mujeres cristianos. El orden era simple: los hombres guarden su cabello cortó y mujeres guarden su cabello largo y sin cortar (1 Corintios 11:13-15).

Muchos Cristianos de hoy no reconocen o incluso no comprenden la importancia a estos versos. Muchas veces estas pocas Escrituras se pasan por alto por una razón u otro. El interés esotérico del cabello no debe confinarse a sólo algunos creyentes llenos del Espíritu, pero debe conocerse por todos los que desean servir al Señor Jesús y caminar en Su camino. Hay sin embargo, un remolcador-de-guerra que existe en la Cristianidad sobre la longitud de cabello. Yo no debatiré el significado de los versos pero expondré los descubrimientos de las importancias del cabello de la muger. Este libro enseña el significado de el cabello y nos revela, el propósito que Dios tenía para el cabello (Vea Capítulo Ocho).

La Palabra de Dios habla cándidamente de Su plan para la Iglesia. Las Escrituras nos ayudan a saber en verdad lo que debemos creer. Sus principios son hechos claros para que todos podamos comprender. Por ejemplo, la manera de salvación no es compleja o complicada pero bastante llana y simple. Se encuentra en el libro de los Hechos de los Apóstoles. En capítulo 2, verso 38, simplemente declara: ***Pedro les dijo: Arrepentíos, y se bauticese cada uno de vosotros en el nombre de Jesucristo para perdón de los pecados, y recibiréis el don del Espíritu Santo.***

Sin embargo, esto sólo le permite seguir el camino de los "Redimidos." El resto se revela en la palabra de Dios, que nos enseña a caminar más cerca de Jesús y vivir en santidad; y con el tiempo, llegaremos al cielo. ¿Después de todo, no es esa nuestra meta?

La Introducción

Ha sido un desafío y una bendición escribir sobre asunto del cabello de señora. Originalmente, yo estaba planeando escribir un tracto o un simple folleto, pero segui consiguiendo más y más información sobre este tema, ahora llego a ser un libro. Este libro salió de un deseo de grabar algunos resultados muy interesantes que tomaron más de dos años de investigación sobre este tema. Mi propósito primario es contestar la pregunta: "Mi cabello, mi gloria, ¿Hay realmente alguna importancia?" Después de leer cada capítulo, el autor espera que el lector ascienda con una respuesta definida a la pregunta muy contemplativa.

Este libro se escribio con el intento de ser un trabajo expositivo. Mi esfuerzo simplemente era educar a sus lectores de la importancia del cabello de la mujer, aunque los hechos sean influenciados o no por la enseñanza Bíblica encontrada en 1 Corintios 11. Mi objetivo era presentar la información en cuatro categorías separadas: Espiritual, Bíblico, Histórico, y Criminología. La información cedida en estas categorías apoya el hecho, que si hay importancia al cabello de una mujer. Mi meta es informar con este libro no persuadir a los lectores.

Este libro no discute la semántica. En su libro *Longitud de Cabello en la Biblia* (Hair Length in the Bible), Rev. Daniel Seagraves hace un trabajo completo y comprensivo en las Escrituras en 1 Corintios 11:5-15. Él toma cada porción de Escritura, y la diseca pedazo por pedazo, y lo explica para que usted pueda entender el significado de cada verso. Sería redundante si yo hiciera lo mismo.

Dos otros trabajos populares son *En Busca de la Santidad* (In Search of Holiness) y *Santidad Práctica una Segunda Mirada* (Practical Holiness: a Second Look) escrita por Reverendos Loretta Bernard y David Bernard. Estos dos libros fuertemente dan los significados de las Escrituras y sus implicaciones simbólicas de cabello en la Biblia. Ellos lo dejarán sin las dudas. Yo no tengo ningún deseo de repetir su trabajo.

Escribir este libro verdaderamente ha tenido recompensa para mí de munchas maneras. Es mi oración que la información proporcionada le ayude a aclarar cualquier confusion, sobre la importancia o no del cabello de la mujer. Todos aquéllos que lean este libro, hombres y mujeres podran fortalecer su convicción y firmemente concluir que si hay mucha mas importancia al cabello de la mujer, que lo que ellos habían realizado antes.

1 – La Búsqueda Empieza

El escritor Húngaro, Arthur Koestler, escribió una vez, *"El descubrimiento más original, parece el más obvio después."* Aunque el descubrimiento de la importancia del cabello de la mujer no es original, sin embargo, le parecerá muy obvio. Pero, no es es tan obvio porque algunas están teniendo una batalla real sobre la importancia de él cabello, y desgraciadamente, algunas iglesias han tenido división.

El Señor me mostró el principio del cabello de la mujer en Primera Corintios 11:2-16 poco después de mi conversión. Yo aprendí que Él quería que yo guardara mi cabello largo y sin cortar como una señal de sumisión a Su autoridad. Yo nunca he sido tentada realmente a desafiar a la palabra de Dios. Así que yo permití que mi cabello corto creciera. Algunas de mis amigos sin embargo, luchan diario con la sumisión a Su palabra.

Un espíritu de confusión estaba empezando a crecer. Yo sentía que la tensión entre nosotras se estaba empeorando. Muchas me preguntaban, el significado de las Escrituras sobre el tema del cabello, confiando encontrar las respuestas. Yo oré sinceramente que el Señor me ayudara a entender lo que estaba pasando y por qué había tanta duda en las mentes de mis amigas.

Entonces todo explotó como los fuegos artificiales.

Todos los descubrimientos que yo encontré causaron el nacimiento de este libro. Asi fue cómo todo empezó.

Yo nunca realmente tuve en cuenta la pregunta de cabello; ¡Yo simplemente creí que la palabra de Dios lo dice y así es! Es simple pensé yo, Creer, Orar y Obedecer. Entonces un día muy notable, el 19 de Mayo de 1993, cuando yo estaba en el entierro de un amigo, se avivó mi curiosidad. Yo vi muchos de mis viejas amigas, y como de costumbre, ellas estaban bebiendo cerveza y fumando marijuana. Nada habia cambiado en ellas. Al mirar las me recorde como eran las cosas ante. Ellas estaban llenas de las cosas de este mundo, vacías y perdidas.

Todas compartimos el mismo pesar y desaliento a la pérdida de nuestra vieja amiga, Dolly. Yo la conocí por casi treinte años, nosotras fuimos a la misma escuela Católica por ocho años. Nos sentábamos en la misma clase y teníamos los mismos maestros de la primera hasta el grado octavo.

¡No podia ser! ¿Quién habría pensado que Dolly, era la sigiente que fallecería de nuestro grupo de amigos? Era un hecho miserable. Ella estaba recién casada con un buen compañero por tres años y hace simplemente dos años ella tovo su primera hija. Era tan triste pensar que la hija nunca conocería a su mamá. Nuestros corazones estaban llenos de dolor y angustia. Nos limpiamos las lágrimas y nos dimos los dimos apropiados.

Después de el entierro, nuestro grupo de amigas decidimos ir a una cafetería dónde nosotras nos sentamos durante horas, nos reimos y hablamos sobre los buenos tiempos que pasamos durante la escuela secundaria. Los recuerdos eran abundantes y nadie intentó discutir los malos recuerdos que no tenían ningún valor. Pero si tuvimos buen tiempo recordando.

Una de las mujeres, sin embargo, tomo por su cuenta, burlarse de mí delante de las demas cada vez que ella tuvo oportunidad. Ella recordo como yo era antes, y quizá, no podía soportar el cambio que el Señor había hecho en mi vida. Ella nunca superó algunas cosas del pasado, de las cuales ella

Amiga Dolly y su familia

era responsable. Ella y otra mujer que estaba presente, estaban envueltas en el Movimiento de La Nueva Era y sus creencias. Yo las oí por casualidad hablando sobre las hierbas, cristales, etc. Poco después yo figuré que la

Mi Cabello, Mi Gloria

tensión que yo sentía era porque el espíritu de ellas se disgusto con el Espíritu Santo dentro de mí.

Llego, el tiempo finalmente para ir a casa. Nos esperaba un paseo de dos horas, les di la despedida a todas. Yo hice las rondas para decirles adiós a todas. La amiga con la que manejé al entierro estaba en el parque de estacionamiento, con estas dos mujeres fumando un cigarro de marihuana antes salir en camino a casa.

Mientras yo me acercaba a ellas, yo estaba orandoen silencio, suplicando la sangre de Jesús por sus almas. Ellas, sin embargo, hacían comentarios sarcásticos porque yo no quise unirme a fumar con ellas. Ellas hicieron gestos como si yo fuera un "santurróna" o una angelita perfecta.

Ellas no sabían lo que estaban haciendo. ¡Yo sonreí y pensé, "De ninguna manera, Bendito sea Dios! Vuelvo yo a esa vida de callejón de nuevo." Yo se lo que el Señor ha hecho en mi vida. Yo encontré algo ciertamente un billón de veces mejor, que tomar cerveza o usar drogas. Esta nueva vida que yo encontré en Jesúcristo me ha guardado ahora durante más de dieciséis años. ¿Quién querría regresar de nuevo a esa vida miserable? ¡A Dios sea la gloria por lo que Él ha hecho por mí!

La mujer que hizo todos los comentarios insolentes en la cafetería. Me hizo un comentario interesante, que causó una explosión en el Espíritu Santo en mi alma. Su comentario realmente la base por la cual yo pase mas de dos años de estudio e investigación sobre el asunto de cabello.

El encuentro fue algo así:
Yo use mi cabello suelto a lo largo de mi espalda ese día. Ella caminó así mí y toco mi cabello con su mano, y dijo, "Oooh Juli, su cabello es más largo que el mio; sabias tu que tu cabello tiene energia?" "¿de veras?" respondí, "Que bueno."

Yo no le pregunte ninguna pregunta sobre su entendimiento acerca del cabello. Pero me pregunte, si los creyentes de la Nueva Era como ella estaban consciente del poder que se promete en la Biblia a las mujeres que se someten a Dios y no cortan su cabello. Pense entre mí, "Esto quiere decir que, nosotros de la Unidad Pentecostés no somos los únicos con la creencia que hay poder en la cabeza de una mujer 'debido a los ángeles.'"

Las preguntas empezaron a inundar mi mente, mientras miraba fijamente fuera de la ventana del automóvil. ¿Qué saben los de la Nueva Era? ¿Entienden ellos la fuente del poder? ¿Ellos cuando lo averiguaron? ¿El sobrenatural y otras religiones creen en el principio de cabello? ¿Creen ellos que hay importancia en el cabello de una mujer?

En el camino a casa, yo empecé a pensar que debe haber más a la Escritura en 1 Corintios 11:15 que lo que nosotros realmente entendemos. "Yo lo tengo que averiguar," me determiné. ¿Yo aun estaba pensando si podría haber alguna importancia sobre el asunto del cabello, o era simplemente una Escritura la cual requiere obediencia pura? ¿Si los de la Nueva Era no cortan su cabello debido a "la energía" hay un principio de poder que ellos también siguen?

Ese verso de la Biblia debe tener algun significado. Yo me pregunté si realmente habría algo, eso fue cuando que me decidí empezar a investigar. Mis descubrimientos empezaron a montar más y más alto hasta que finalmente la investigación amontonada era una montaña irrefutable de evidencia. Estupendo, no podía creer mis ojos al ver todos los descubrimientos espirituales. Cuando usted lea los ejemplos siguientes encontrará increíblemente las importancias paganas del cabello de mujeres en el mundo del sobrenatural.

Resultados Espirituales de la Importancia Pagana

La importancia pagana de cabello fue la parte más difícil de mi estudio. Cuando yo rompi la tapa de el Movimiento de la Nueva Era me sumergi en el, yo tuve mucho que vadear a través del pozo negro de ciencias ocultas, brujería, y otros tipos de espiritualismo para encontrar cualquier información sobre el cabello. Con agradecimiento, a muchas de mis amigos que oraron por mí cuando yo empecé mi búsqueda. Cada día antes de que empezara a bucear en la investigación yo oraba una cobertura de la sangre de Jesús sobre mi mente. Yo le pedí al Señor que me rodeara con Sus ángeles.

Yo decidí ir directamente a la biblioteca pública para mirar la sección de la brujería. Cuando yo me acerqué la sección oculta podia sentir los espíritus demoniacos. Primero yo oré contra la maldad que sentía y ungí el área con aceite dónde estaban los libros ocultos para que yo pudiera pensar claramente y empezar mi búsqueda. Me sorprendí al encontar muchas, muchas referencias acerca del cabello. Yo estaba asombrada; ¡y a veces enmudecida! Yo pense, "Si sólo los Cristianos supieran lo que los brujos saben."

Después yo le comente a una amiga que si los cristianos de hoy supieran esto, podrían ver este asunto del cabello en una nueva luz. En el momento dado, yo le pedí a una buena amiga que fuera conmigo a la librería metafísica en Santa Cruz, el corazón de la brujia de California central. Ella pudo ver a primera mano toda la información. Ella, tambien pudo ver toda la información, y se maravilló a la vista voluminosa.

Según la *Enciclopedia de la Folklore y Las Ciencias Ocultas del Mundo* (Superstition, Folklore and the Occult Sciences of the World), el cabello de "mujeres es el amuleto más precioso y protege de grandes males y enfermedades."[1] Derek y Julia Parker dicen en su libro, *El Poder de Secretos Mágicos y Misterios Antiguo y Modernos* (The Power of Magic Secrets and Mysteries Ancient and Modern), el "cabello siempre ha sido considerado fuerte mágico; las brujas que lanzan un hechizo malo necesitaban un pedazo de cabello de su víctima para hacerlo realmente eficaz."[2]

Bárbara Walker escribe en uno de sus libros, *El Diccionario de Las Mujeres de Símbolos y los Sagrados Objetos* (The Women's Dictionary of Symbols and Sacred Objects), que el cabello de "Mujeres llevó la importancia fuertemente simbólica y espiritual en las Religiones Orientales. Las salvias de Tantric proclamaron que el atando o desatando el cabello de mujeres podria controlar poderes cósmicos de creación y destrucción."[3]

El otro libro de Walker, *La Enciclopedia de La Mujer de Mitos y estados* (The Woman's Encyclopedia of Myths and Secrets) "muestra la importancia en los encantos de brujeria y en el intercambio mutuo de talismanes entre los amantes, el cabello se vio Normalmente como un almacén de por lo menos una parte del alma."[4]

Discutiendo las importancias de cabello, Harry E. Wedeck y Wade Baskin declaran en su libro, *el Diccionario de Espiritualismo*

(Dictionary of Spiritualism), "En el ocultismo y filosofía del místico, el cabello, ambos humano y de animal se considera como el receptáculo del ser vital."[5] En su otro libro, *el Diccionario de Religiones Paganas* (Dictionary of Pagan Religions), Wedick y Baskin escriben "con varias sectas, cortando el cabello y la barba se ha considerado como una señal de deshonra."[6]

Muchos Hindus creen que el cabello en su cabeza es sagrado y por consiguiente no lo cortarán. "Varios sectas dejan el cabello completamente sin cortar como el de la mujer," dice Benjamín Walker, en su libro, *El Mundo hindú: Un Estudio de la Enciclopedia de Hinduismo* (The Hindu World: An Encyclopedic Survey of Hinduism), "en la creencia que cuando el cabello alcanzó una cierta longitud ya no se desviaron las fuerzas vitales del cuerpo para ayudar en su crecimiento extenso, y la energía del sobrante agregó a la virilidad de uno."[7]

St. Catherine cortando su cabello

Walker declara, "entre las sectas del semi-Hindú contemporáneas los Sikhs nunca se rasuran o cortan el cabello de su cuerpo, y algunos Sadhus y Yoguis observan la misma prohibición."[8]

También, muchas mujeres Musulmanas ortodoxas usan su cabello largo y sin cortar. Sin embargo para la monia Católica Romana que afeita o rasura su cabeza supuestamente significa su humillación y renuncia del mundo. Sacerdotes de los budistas también han afeitado o rasurado su cabeza para parecer menos atractivos a otros.[9]

La Doctora nombrada de disciplinas metafísicas y holísticas, June G. Bletzer, escribe en su libro, *El Diccionario Psíquico Enciclopédico Internacional Donning* (The Donning International

Encyclopedic Psychic Dictionary), el "cabello tiene poderes físicos que actuan como protección de las entidades malas del mundo etérico; el ritual de cortar el cabello fue hecho para discontinuar esta protección; es simbólico de fuerza."[10] Bletzer dice aun mas, "contribuye a la personalidad de uno, y es una marca de identificación; afeitar la cabeza de uno es quitar el mismo imagen de uno, para empezar un nuevo imagen de si mismo."[11]

Se creía que el "cabello tenía sus propias, propiedades mágicas," dice *Hombre, Mito, y Magia* (Man, Myth, and Magic), "y fue rodeado con su propio sistema de ritos mágicos, inventado con el propósito de proteger la cabeza de la lesión psíquica y proteger de aquéllos que cortaban el cabello de el enojo de los espíritus internos."[12] Adicionalmente, declara, ". . . una superstición que la fuerza del humano residida en el cabello y al cortarlo reducia la vitalidad."[13]

"Desde tiempos antiguos, que cortaban el cabello de el enojo de los espíritus internos se ha pensado que poseen atributos mágicos que han sido ingredientes importantes en muchos hechizos mágicos," dice Rosemary Ellen Guiley, en su libro, *La Enciclopedia en las Brujas y Brujería* (Encyclopedia on Witches and Witchcraft), el "cabello ha sido asociado con la fuerza y virilidad, y con protección psíquica."[14] Guiley continúa, el poder mágico de "una bruja está limitado en su cabello; al sacudir su cabello en el viento, el poder de un hechizo es doblado."[15]

Según la *Enciclopedia de Ocultismo y Parasicología* (Encyclopedia of Occultism and Parapsychology), el "cabello ha tenido una importancia oculta desde los tiempos antiguos...se ha considerado como una fuente de fuerza. La asociación de cabello con las facciones sexuales del cuerpo le ha dado fuerza notable, y las distinciones entre el cabello de varón y el cabello de hembra han dado énfasis a la atracción sexual. Las modas unisexes de la sociedad permisiva y grupos de la música rock han creado confusión sexual y la conducta neurótica."[16] La rebelión de los años Sesenta se discutirá en Capítulo Cinco.

"Puesto que, se cree que el cabello es íntimamente relacionado a la vida de un individuo, tiene importancia mágica en los rituales de la brujería, y muchas civilizaciones han sufrido dolores para prevenir que su cabello caíga en manos de un enemigo que podría usarlo para la magia negra o desear algo malo en una persona. Hay una escuela de carácter que lee el cabello, conocido como el trichsomancy."[17]

En antiguo México, las muchachas bailaban salvajemente con su cabello suelto en los rituales en el honor de la diosa de maíz, 'la madre melenuda,' ellos crían que esto animaba el crecimiento de la cosecha de maíz.[18]

Según Wendy Cooper, autor del libro, *Cabello la Sociedad y el Simbolismo* (Hair Society and Symbolism), tan "extensa era la fe en el poder de cabello...que en Escocia era ominoso encontrarse una mujer con su cabello descubierto...si una mujer sacudia su cabello así usted, ellos creian que cualquier cosa podria pasar."[19]

Uno de los usos más comúnes de cabello" dice la *Enciclopedia de Religion* (Encyclopedia of Religion) "se encuentra en el mágico hostil; se obtienen los recortes de cabello de la víctima intencional, se envuelve el cabello...y se mezcla juntos con otras secreciones del cuerpo."[20]

El infame mago negro, Aleister Crowley escondió los recortes de su cabello y sus uñas en secreto a lo largo de su vida.[21] La creencia era "cualquiera que poseyera el cabello de otro tenía poder sobre su alma."[22] En la erudición de Ozark, se entierran las peinaduras de cabello, nunca se tiran, los campesinos Franceses entierran su cabello; Los turcos y chilenos llenan las paredes de los recortes de cabello.[23]

El inquisidor Alemán del siglo quince, Jacob Sprenger estaba satisfecho meramente con afeitar o rasurar las de brujas antes de que las lanzaran en el fuego.[24] En Bastar, una mujer o hombre sospechados de hechicería eran vencidos por la muchedumbre, y su cabeza afeitadas, supuestamente constituyendo el poder de su travesura. Después ataban el cabello a un árbol en algún lugar público para que todos ojos lo mirara.[2]

Mi Cabello, Mi Gloria

Creyendo que era el testamento de cielo, Joan de Arco (Joan of Arc), dijo que ella tuvo noticias de Michael el Arcángel, Santa Catherine, Santa Margarita (Michael the Archangel, Saint Catherine, Saint Margaret), renuncio el vestido para llevar el atavío de hombre. Muchas personas de ese día temian su transvestismo. Joan exigió que ella tenía "guía divina" que refutó la prohibición de Deuteronomio 22:5, mientras "declarando que la nueva dispensación ha cancelado el viejo; y sus circunstancias especiales requieren respuestas especiales."[26]

Segun Marina Warner en su libro, *Joan de Arco, La imagen de Heroísmo Hembra* (Joan of Arc: Image of Female Heroism) "dice que Joan creyó que las voces que ella oyó eran del cielo, y que ella fue escogida a llevar Su norma; y ella se cortó su cabello para lograr la salvación de los Francés, la prohibición de San Pablo en Primera Corintios 11:14-15 se derriva en su caso.[27]

En su captura, ella se negó llevar el atavío de una mujer y todo lo que era asociado con lo femenino.[28] Fue el clero que tenía celos de su familiaridad con los ángeles," declara los autores Henry Thomas y Dana Lee Thomas, en su libro, *las Biografías Vivientes de Mujeres Famosas* (Living Biographies of Famous Women).[29] Al final de todo muchos de sus seguidores se voltearon contra ella, creyendo que era la bruja Domremy inspirada por el diablo.[30]

Los Bhils de India Central torturaban a los que sospechaban de brujería, despues les cortaban su cabello y lo enterraban, con esto desunían el eslabón entre las brujas y su poder mágico. En los tiempos de la Edad Media (Middle Ages), se afeitaron o rasuraban las brujas en la creencia que las dejaba sin poder y era más probable que confesaran.[31] Muchas prácticas como éstas han sido casi universales entre los tribus primitivos a lo largo del mundo con diferentes variaciones.[32]

La razón más poderosa por la cual tenian precaucian la gente primitiva al cortar su cabello, era por su creencia que ampliamente sostenía la magia homeópata y comprensiva. Las magias homeópatas involucraron la producción de un efecto simplemente imitándolo. En Laos, cuando un cazador del elefantes empezaba a cazar, su esposa era prohibida cortar su cabello, porque se creyó que el elefante podria desunir cualquier soga usada para refrenarlo.[33]

"En Leitrim, mientras algunos campesinos quemaban su cabello y uñas por el miedo de las hadas, otros guardaban sus cortes de cabello pensaban que podrían necesitarlo se en el Día de Juicio para volver la balanza contra el peso del pecados," dice *la Enciclopedia de Religión y Etica* (Encyclopedia of Religion and Ethics).[34] Que el miedo original era que el cuerpo no deberia aparecer incompleto en el Día de Juicio pero a cómo Dios lo habia creado.[35]

Si usted mira a través de un libro en las religiones antiguas usted podra ver que la mayoría de los dioses y diosas paganos eran cabelludos. Muchos de los adoradores paganos inventaron sus dioses con mucho cabello. Los colonos Aarios de India adoraban al sol se dirigieron a el como "el dorado-cabelludo," y en los himnos antiguos del sagrado libro hindú, "Rig-Veda," describe el dios solar como "el sol brillante con cabello encendido."

El mismo símbolo de cabello exuberante adornó otros dioses del sol; El Rhidian Helios, el Apolo Griego, el Tzontemoc Americano, el Gaulish Cunobelin, y muchos más dioses tenían apariencia cabelluda.[36] Muchos paganos creen el cabello en la diosa, Isis, tiene poderes mágicos de protección, resurrección, y reencarnación. Un egipcio encontró la salvación al identificáarse como Osiris su hijo, para quien la diosa hizo la magia de resurrección con su cabello. Ella protegió a su niño divino, Osiris, "sacudiendo su cabello asi a él."[37]

Los adoradores de la diosa tienen una vista torcida de lo que llamaron señales y maravillas. Ellos creian que un cometa era un pámpano del cabello de la Gran Madre supuestamente que aparece en el cielo, el mundo se sombreó lentamente con el brillo del cuerpo celestial. Los adoradores de la diosa también tienen una idea entre sacerdotisas proféticas o brujas que supuestamente operaron con el cabello suelto en la teoría que al sacudir su cabello pudieran controlar el mundo del espíritu. Ellos dicen que su Diosa Madre como Isis, Cybele, y emanaciones de Kali ordenaban el tiempo al trenzar o soltar su cabello. El verso Mateo 16:19, ***Y todo lo que atares en la tierra será*** *atado en los cielos: y todo lo que deatares en la tierra será desatado en los cielos,* se torció grandemente en Europa cuando ellos creyeron que las brujas controlaban el tiempo.[38]

"San Pablo," escribe Bárbara Walker, "grandemente temia los 'ángeles' (los espíritus) que una mujer pudiera ordenar al permitir su cabello fluir suelto, él insistió que la cabeza de mujeres fuera cubierta en la iglesia para no atraer a los demonios a el edificio." Refiriéndose a 1 Corintios 11:10, Walker interpreta "por causa de los ángeles," se suponía que el significado era que los espíritus estaban atraídos o controlados con el cabello de hembra suelto.[39]

Éstos son sólo cuarenta de los muchos ejemplos que muestran la gran importancia que el cabello celebra en el mundo de espiritualismo, ocultismo, y paganismo. Yo me sorprendi al ver que casi todos estas referencias paganas se refieren a los versos de la Biblia incluso la historia de Samson y los versos en 1 Corintios 11 acerca del cabello.

Esto me hacea creer que el diablo sabe exactamente lo que Dios pensó acerca de la mujer y su cabello. El diablo, sin embargo, ha querido usarlo para sus propósitos malos pero Dios quiso que fuera usado para nuestro bien. Muchos de los comentarios de la Biblia de hoy y Biblias del Estudio indican la información subsecuente que en los días antiguos el cabello de las mujeres sería guardado largo.

Qué Dicen los Comentarios de la Biblia, los Enciclopedias, los Diccionarios, y las Biblias de Estudio

"La capacidad de el cabello para el crecimiento constante" dice el *Diccionario Intérprete de la Biblia*, "siempre le ha dado un asiento importante de vida y, por consiguiente, es religiosamente significante."[40]

Según el *Diccionario de la Biblia Ilustrado* (Illustrated Bible Dictionary), se refiere a la costumbre normal de los Israelistas, ambos sexos, permitían su cabello crecer largo, pero en el periodo del Nuevo Testamento guardar el cabello largo era "una vergüenza" para el hombre declaró Pablo a la iglesia en Corinto.[41] Nosotros discutiremos la iglesia Corintia en el Capítulo Cuatro.

El *Diccionario de la Biblia Unger* declara, "Los Hebreos dieron cuidado especial a su cabello y barba, con respecto al cabello espeso, abundante como un ornamento...las Mujeres siempre llevaron su cabello largo.[42] El *Diccionario de la Biblia Collins Gem* (The Collins Gem Dictionary) dice, "las mujeres Hebreas eran generalmente de cabelluda negra, llevando a menudo del tiempo su cabello largo en trenzas o suelto con ornamentos."[43] La moda antigua común era usar, excesivos ornamentos en el cuerpo y en el cabello. Estas peinaduras de cabello normalmente tomaban por lo menos seis a ocho horas para arreglar.

Ésta puede ser la razón por la cual el apóstol Pedro escribió en 1 Pedro 3:3-4,

> ***Vuestro atavío no sea el externo de peinados ostenosos, de adornos de oro o de vestidos lujosos, sino el interno, el del corazón, en el incorruptible ornato de un espíritu afable y apacible, es de grande estima delante de Dios.***

El *Diccionario de Biblia del Eerdman* (The Eerdman's Bible Dictionary) declara, "sin embargo, el cabello largo parece haber sido la regla entre los Hebreos, hombres y mujeres... En los tiempos del Nu- evo Testamento, los hombres de Palestina adoptaron el estilo romano de cabello estrechamente corto, y el cabello largo fue considerando apropiado para las mujeres.[44]

Mi Cabello, Mi Gloria

El *Diccionario de Westminister de la Biblia* (Westminister Dictionary of the Bible) escribe, "las mujeres Hebreas llevaron su cabello largo, mientras ligándolo o trenzándolo."[45]

El *Comentario de Matthew Henry* (The Matthew Henry Commenary) escribe, "el cabello de la mujer es un velo natural; llevarlo largo es una gloria para ella; pero para un hombre tener el cabello largo es un simbolo de suavidad y de ser afeminado."[46]

La Biblia paralela Interlinear Zondervan del Nuevo Testamento en griego e Ingles Zondervan Parallel New Testament in Greek and English) dice en la exacta transcripción griego en 1 Corintios 11:14, 15: **La naturaleza misma ¿no os enseña que al varón le es deshonroso dejarse crecer el cabello? Por el contrario, a la mujer dejarse el cabello le es honroso; porque en lugar de velo le es dado el cabello.**[47]

La Biblia de estudio Criswell (Criswell Study Bible) dice, "La cabeza cubierta era el símbolo de la sumisión de una mujer a su propio marido; no reconocer a su marido como cabecilla públicamente era una desgracia de tal magnitud como si se hubiera afeitado o rasurado su cabeza, esto era en la antigüedad un símbolo de una mujer desvergonzada y deshonrada."[48] En el *Comentario Harper de la Biblia* (Harper's Encyclopedia of Bible Life) declara, "Se amonestan mujeres profetas y neumáticas llevar su cabello peinado hacia arriba como una corona en lugar de usar el cabello suelto, suelto en la comprensión Greco-Romana, era una señal de frenesí, y en la comprensión Judía, una señal de adulterio el cabello desgreñado era deshonroso para una mujer tal como si su cabeza hubiera sido afeitada o rasurado."[49]

Según la *Enciclopedia Harper de la Biblia de Vida* (Harper's Encyclopedia of Bible Life), dice que "nada definido es conocido sobre los peinados del cabello de las mujeres Judías: ellas no aparecen en el arte fúnebremente monumental que ha sobrevivido como el de los de Egipcio, Griego, y de las mujeres Romanas. Los escritores bíblicos deploraron la ornamentación excesiva del cabello."[50] Aun en tiempos antiguos, Dios no quería que Sus mujeres fueran de la fabricación mundial hacendosas y de reputación. Ellos debian ser como Jesús era (Filipenses 2:7, **Sino que se despojó a sí mismo, tomando forma de siervo. . .**).

La *Enciclopedia Judía* (Jewish Encyclopedia) declara, "Entre mujeres el cabello largo es exaltado como una marca de belleza. El cabello de una mujer nunca se cortaba excepto como una señal de luto o de profunda degradación…Originalmente, afeitando la cabeza en tiempos de lamentar indicaba un sacrificó al muerto."[51] Aunque afeitando de la cabeza en el luto profundo era una costumbre aceptada en Israel, se prohibió por la Ley porque las personas de Dios pertenecen a YAHWEH solamente[52] (Deuteronomio 14:1, 2; Levítico 21:5; Jeremías 7:29).

Los doce Comentarios de la Biblia y Biblias del Estudio (Bible Commentaries and Study Bibles) mencionan que el cabello de la mujer se guardaba largo sugiere que no era corto o tocado con cualquier instrumento para cortar con razones cosméticas. Había un tiempo que para "deshonrar" o "avergonzar" a una mujer, se afeitaba su cabeza.

La Cabeza Deshonrada

El deseo de Dios para Su gente era que ellos permanecieran castos y puros hasta que se casaran. La fidelidad fue ordenada por Dios en el séptimo mandamiento.

En su libro, *El Mundo Antiguo de Israel* (The World of Ancient Israel), Meilsheim informa, "Cuando una mujer fue acusada y culpable de adulterio, su cabello era cortado o su cabeza afeitada." Él agrega, "la fórmula siguiente fue usada: 'porque tu has desdenado las costumbres de las hijas de Israel, que caminan cubiertas, te ha pasado lo que tu has escogido.' " Meilsheim acredita esto para ser un parte de la fe antigua del los Israelistas que creian que los espíritus malignos vendrian a dominar las mujeres que fueron de cabeza descubierta."[53]

Descabellando el cabello, cubriéndolo con la suciedad, de cenizas, o barro eran todas senales de lamento. Cuando una persona queria comunicar su pesar profundamente fieltro, ellos afeitarían la cabeza completamente o **harán tonsura en su cabeza [harían la cabeza calva]** (Levítico 21:5).

La cabeza afeitada en mujeres u hombres era una práctica común entre muchas naciones incluso las personas Hebreas

Mi Cabello, Mi Gloria

aunque el Señor Dios Jehovah les habia prohibido que hicieran esto. Job afeitó su cabeza como una señal de lamentar la muerte de sus hijos e hijas (Job 1:20).

En Esdras, nosotros encontramos un ejemplo del pesar experimentado por este profeta. En lugar de afeitar su cabeza, él le dio tirones a su cabello y se lo arranco. *Cuando oí esto, rasgué mi vestido y mi manto, y arranqué cabello de mi cabeza y de mi barba, y me senté angustiado en extremo* (Esdras 9:3). El no podría creer lo que el escucho hablar de la iniquidad que penetro la nación de Israel. Su intensa expresión de angustia se demostro en sus acciones que lo llevan a una intercesión profundamente agónica y confesión para las personas de Dios.

El Señor instruyó a los hombres de Israel que si ellos tomaran a una esposa que era cautiva que ella debia afeitar su cabeza en el rito de purificación e iniciación (a la tribu). Además, era requerimiento por la Ley que el leproso tenía que afeitar su cabeza en el día de su curación (Levítico 14:8-9; Deuteronomio 21:12).

Afeitando la cabeza no sólo era un castigo antiguo ejecutado en los días antiguos pero también ha sido practicado a través de siglos a los recientes anos. Mi padre, Jacob VandenBerge, es un sobreviviente de la Segunda Guerra Mundia. Cuando la guerra se acabo, habia gozo a lo largo de todas las calles de Europa y en su ciudad donde el vivia Rotterdam. En mediode el gozo que sentia el país, mutilación criminal golpeo los corazones de hombres. La colaboración y retribución veloz fue hecha de las mujeres de los soldados Nazis.

Mi padre me contó su historia. Un día en Prins Hendrikade, la calle donde el vivia, el y algunos de sus companeros buscaron a través de las calles, yendo puerta a puerta buscando cualquiera de esas mujeres que fraternizaron con los Nazis. Él dijo que durante la guerra ellos guardaron una nota mental de quienes eran las mujeres que se involucraron en esta conducta detestable y permisiva. Cuando la guerra se acabo el y los muchachos de la ciudad juraron que estas mujeres pagarian por sus acciones.

Al encontrar a una muchacha, un muchacho agarro una silla, y un par de tijeras, y una almohada suave de su casa mientras mi padre y otro muchacho la arrastraron para afuera. Ellos procedieron a deshonrarla afeitando su cabeza. Y eso no fue suficiente. Ellos cubrieron su cabeza de pegamento y después la cubrieron de plumas.

Estos tres muchachos de dieciocho años de edad le hicieron esto a cuatro de las muchachas que moraban en la misma calle. Mi padre, no saber que esto estaba pasando a traves de las calles de Europa.

En un pueblo fuera de de París, a muchas mujeres las despojaron de su ropa primero, y luego las ponían en una plataforma de madera delante de la gente del pueblo para que todos las miraran. Un RECLUTA frances hizo una ceremonia del afeito del cabello de una mujer. El la obligo a mirar se delante de la burlas de una muchedumbre grande.

Una Mujer Afeitada Fraternizada

El Escándalo de Hitler

Incluso peor aun es la historia de las atrocidades espantosas en Auschwitz durante la Segunda Guerra Mundial. El infame Adolfo Hitler estaba poseído lleno de legiones de diablos. Su conducta atroz hacia los judíos fue tan increíble que es duro creer que es verdad. A traves de Hitler, el diablo supo como ridiculizar a las personas de Dios y Su Palabra Santa.

La primera cosa que Hitler dijo fue que el renunciaba la idea de conciencia y se burlo del concepto de circuncisión. El instruio a las personas Alemanas que quemaran todos los libros judios incluso la Biblia. El insulto mas grande que el pudo escupir fuera fue llamar a los Judíos, cerdos; y obligo algunos a estar de pie en las esquinas y llevavan una senal alrededor de su cuello que dicia "que yo soy un cerdo; yo soy bicho." Al portarse como el malvado Haman, Hitler colgo a diez Judios en patíbulos construidos como se describen en el libro de Ester.

El acto más ultrajante fue afeitar a todas las mujeres y muchachas al llegar a los campamentos de la concentración. El diablo supo despojar a las mujeres de su gloria y poder. En la Liberación de Auschwitz, en Enero de 1945, había siete toneladas de cabello encontradas en los almacenes de los campamentos.[54] El cabello fue usado para fabricar el cilicio. Un poco del cabello era de las victimas de gas. El Instituto de Cracovia de Especialización Judicial (Cracow Institute of Judicial Expertise) analizó el cabello y encontró rastros de acido del prussic, un componente venenoso típico de compuestos de Zyklon que estaban presente en el cabello. Muchos de los cadaveres cuyo cabello fue permitido crecer antes sus muertes fueron revendidos (scalped) antes de llevar los a los incineradores.[55]

Afeitando la Cabeza en el Culto Idolatra

Según John L. McKenzie en su libro, *El Cabello en Culto Idolatra, Diccionario de la Biblia* (Hair in Idol Worship; Dictionary of the Bible), "Se conoce bien que entre las naciones Gentiles que rodearon Israel el cabello de ninez o juventud se afeito a menudo y fue consagrado en las urnas idolatras. Frecuentemente esta costumbre marco un rito de iniciación al servicio de la divinidad. Consiguiente para el Judio esta costumbre era una abominacion de los Gentiles."[56]

Ambos en Arabia y en Siria la costumbre era sacrificar el cabello como una iniciación en el estado de adolescencia.[57] Muchas vírgenes de la Vestal en la cultura Griega al alcanzar la pubertad llevaron a cabo un ritual de afeitar su cabeza para dedicar su cabello a su dios del río. La importancia de sacrificio de cabello fue hecho explícito en los ritos en el templo de Astare, la diosa fenicia de fertilidad, en Byblos. El antropólogo Sir James Frazer, en su libro, *La Rama Dorada* (The Golden Bough), escribió, "Aquí, al luto anual por el Adonis muerto, las mujeres tienen que afeitar sus cabezas, y al negarse tienen que prostituirse a los extranos y sacrificar el sueldo de su vergüenza a la diosa."[58] El cortar el cabello en tiempos pasados era un medio en que los vivientes se ponian en comunión directamente con los muertos. A menudo el cabello del enlutado se ponia en la tumba, o en la sepulchro, o con el cadaver. Sin embargo, esta costumbre se ha olvidado en días pasados, ahora el doliente sólo afeita su cabello como una expresion de pesar. La gente de Persa no solo cortaban su cabello pero también el de sus caballos, después de que la muerte de un general.[59]

¿Calvo era Bonito?

Los vecinos paganos de Israel, sobre todo Egipto, despreciaban a cualquiera que era cabelludo y sin afeitar. Los Egipcios de tiempos pasados afeitaron sus cabezas completamente en una base regular por razones cosmeticas. El Escritor James Putnam escribe en su libro, *la Momia* (Mummy), "Los antiguos sacerdotes y sacerdotisas Egipcios todos afeitaron sus cabezas, era una manera de limpiar el espíritu."[60]

Éste era un tiempo cuando el calvo era bonito en el pensamiento mundial antiguo. Las mujeres y hombres' adineradas visitaban a barberos regularmente. Algunas personas poseyeron esclavas que afeitaban su cabello diariamente. Se dice que Cleopatra en ese momento poseyó 149 pelucas diferentes. Los Egipcios aborrecieron el cabello largo natural tanto que solo lo dejaban crecer durante un tiempo de luto.[61]

El Señor Jehovah no quiso que los hijos de Israel fueran parte de cualquier culto pagano sino evitarlo totalmente. Nosotros podemos ver por los ejemplos mencionados que afeitando el cabello en la cabeza de uno no solo era práctica en las culturas antiguas pero se repitio en los recientes anos, y todavía hoy puede llevarse a cabo en países terceres mundiales (países del tercer mundo). No solo se uso como un castigo, para deshonrar la cabeza de una mujer, o demostrar un tiempo de lamentar pero también se uso en el culto idolatra y por razones cosméticas.

No es ninguna maravilla que Dios le dijo al Israelitas que no afeitaran sus cabezas pero guardaran su cabello largo. *No harán tonsura en su cabeza, ni raerán la punta de su barba, ni en su carne harán rasguños* (Levítico 21:5). Él quiso mostrar al mundo que Su gente era una nación separada, santa llamados para dar la gloria a Su nombre.

Notas Finales

1. Cora Linn Daniels and Prof. C. M. Stevans, PhD (eds.), *Encyclopedia of Superstition, Folklore and the Occult Sciences of the World*, vol. 1 (1903; Detroit: Gale Research Company, 1971), 282.
2. Derek Parker and Julia Parker, *The Power of Magic Secrets and Mysteries Ancient and Modern* (New York: Simon and Schuster, 1992), 74.
3. Barbara Walker, "Hair," *The Women's Dictionary of Symbols and Sacred Objects* (San Francisco: Harper & Row, 1988), 313
4. Barbara Walker, "Hair," *The Woman's Encyclopedia of Myths and Secrets* (1983), 36
5. Harry E. Wedeck and Wade Baskin, "Hair," *Dictionary of Spiritualism* (New York: Philosophical Library, 1971), 167.
6. Harry E. Wedeck and Wade Baskin, "Hair," *Dictionary of Pagan Religions* (New York: Philosophical Library, 1971), 143
7. Benjamin Walker, "Head," *The Hindu World: An Encyclopedic Survey of Hinduism*, vol. 1 (New York: Frederick A. Praeger Publishers, 1968), 433
8. Ibid.
9. Wedeck and Baskin, *Dictionary of Pagan Religions*, 144.
10. June G. Bletzer, "Hair," *The Donning International Encyclopedic Psychic Dictionary* (Virginia: Donning Company, 1986), 269
11. Ibid.
12. Richard Cavendish (ed.), "Hair," *Man, Myth, and Magic*, vol. 5 (Freeport Long Island: Marshall Cavendish Corp., 1983), 1201
13. Ibid.
14. Rosemary Ellen Guiley, "Hair & Nails," *Encyclopedia on Witches and Witchcraft* (New York: Facts on File, 1989), 148-149.
15. Ibid

16. Leslie A. Shepard (ed.), "Hair," *Encyclopedia of Occultism and Parapsychology*, 2nd ed., vol. 3 (Detroit: Gale Research Company, 1984), 572.
17. Ibid.
18. Cavendish, 1201.
19. Wendy Cooper, *Hair: Sex, Society, Symbolism* (New York: Stein and Day, 1971), 197.
20. Mircea Eliade (ed.), "Hair," *Encyclopedia of Religion*, vol. 6 (New York: MacMillan, 1987), 156
21. Guiley, 149.
22. Barbara Walker, *Myths and Secrets*, 369.
23. Guiley, 149.
24. Cooper, 197.
25. Ibid.
26. Marina Warner, *Joan of Arc: The Image of Female Heroism* (New York: Alfred A. Knopf, 1981), 146
27. Ibid.
28. Ibid., 14
29. Henry Thomas and Dana Lee Thomas, *Living Biographies of Famous Women* (New York: Garden Ciy, 1942), 45.
30. Ibid.
31. Guiley, 149.
32. Cooper, 208, 215.
33. Ibid., 213.
34. James Hastings (ed.), "Hair & Nails," *Encyclopedia of Religion and Ethics*, vol. 6 (New York: Charles Scribner's Sons, 1955), 475
35. Ibid.
36. Cooper, 185.
37. Barbara Walker, *Myths and Secrets*, 367.
38. Ibid., 368
39. Ibid.
40. "Hair," *Interpreter's Dictionary of the Bible*, supp. vol. (Nashville: Abingdon, 1976), 512.
41. J. D. Douglas, MA, BD, STM, PhD (ed.), "Hair," *Illustrated Bible Dictionary*, vol. 2 (1962; Wheaton: Tyndale House, 1980), 600.
42. Merrill F. Unger, "Hair," *Unger's Bible Dictionary* (Chicago: Moody Press, 1966), 440.
43. James L. Dow, MA, "Hair," *Collins Gem Dictionary* (1974; London and Glasgow: Collins, 1987), 208.
44. Allen C. Myers (rev. ed.), "Hair," *Eerdman's Bible Dictionary* (Grand Rapids: William B. Eerdman, 1987), 455
45. Henry Snyder Gehman (ed.), "Hair," *New Westminster Dictionary of the Bible* (Philadelphia: Westminster Press, 1970), 357
46. Leslie R. Church, PhD, F.R. Hist. S. (ed.), *Matthew Henry Commentary* (1960; Grand Rapids: Zondervan, 1980), 1817.

47. Zondervan Parallel New Testament in Greek and English (1975; Grand Rapids: Zondervan, 1980), 507.
48. W. A. Criswell, PhD (ed.), study notes, Criswell Study Bible (1975; Nashville: Thomas Nelson, 1979), 1355.
49. James L. Mays (ed.), "Women Prophets," Harper's Bible Commentary (San Francisco: Harper & Row, 1988), 1183.
50. Madeleine S. Miller & J. Lane Miller (eds.), "Hairdressing," Harper's Encyclopedia of Bible Life, 3rd ed. (San Francisco: Harper & Row, 1978), 86.
51. Isidore Singer, PhD (ed.), "Hair," The Jewish Encyclopedia, vol. 6 (New York: KTAV Publishing House, 1965), 158
52. Ibid.
53. David Meilsheim, Grace Jackman (trans.), The World of Ancient Israel (New York: Tudor, 1973), 84
54. Teresa Swiebocka, Jonathan Weber and Connie Wilsack (Trans), Auschwitz: A History in Photographs (Poland: Panstwowe, 1990), 25.
55. Ibid.
56. John L. McKenzie, S.J., "Hair in Idol Worship," Dictionary of the Bible (New York: Bruce, 1965), 597
57. Hastings, 476.
58. Cooper, 66.
59. Hastings, 476.
60. James Putnam, Mummy (1992; New York: Alfred A. Knopf, 1993)
61. Bill Severn, The Long and Short of It: 5000 Years of Fun and Fury over Hair (New York: David McKay, 1971), 23

Mi Cabello, Mi Gloria

2 - Cómo el Cuerpo de Cristo es Afectado

Los dos versos que han movido los corazones de muchos en estos últimos días se encuentran en 1 Corintios 11, verso 15, *Por el contrario, a la mujer dejarse crecer el cabello le es honoroso,* y verso 10, *Por la cual la mujer debe tener señal de autoridad sobre se cabeza, por causa de los ángeles.* ¿Por qué? ¿Por que hay tanta confusión? ¿Podria el Cuerpo de Cristo realmente afectarse si una mujer se corta su cabello? ¿Es este un verso que Pablo escribió simplemente para perturbar a las mujeres en la iglesia o es este un verso que tiene importancia? ¿Es una cosa cultural, o involucra un significado espiritual más profundo?

Más allá en el mismo capítulo Pablo casi escribe en la misma respiración sobre la importancia de practicar la Comunión. Es una paradoja que en cada denominación, cristianos celebrarán la Cena del Señor tomando la comunión pero ignorarán el principio encontrado en la mujeres que tienen cabello largo, sin cortar.

La Batalla sobre el Cabello en el Cuerpo

Estoy asombranda al ver a tantas que todavía están luchando con estas pocas escrituras. ¿Por qué hay tanta lucha sobre la longitud de cabello de mujeres hoy? ¿Qué podría ser la importancia? ¿Es simplemente un hecho de obediencia o tiene Dios un plan para Sus mujeres en estos últimos días?

Mientras nosotros nos acercamos a los tiempos finales, necesitamos el poder del Señor como nunca antes, yo me maravillo a las mujeres que antes levantaban este principio de cabello Bíblico con su cabello largo fluido, que y ahora piensan que es no importante. ¿Quién ha cambiado—a la Biblia o a estas mujeres? La venida del Señor es tan pronto, nosotros no tenemos tiempo para preguntar la validez de la palabra de Dios pero nosotros necesitamos confiar que Él puso estas Escrituras en la Biblia por una razón. Sin embargo, eso no es suficiente para algunas. Explorando cada aspecto a través de muchos ejemplos nosotros podemos proponer algunas respuestas concretas.

La controversia de longitud de cabello está trayendo muchos cambios en las iglesias de hoy. Estos cambios repentinos traen confusión a la mente de uno. ¿Penosamente muchos están preguntando, que nos está pasando a nosotros? ¿Por qué nuestro poder y gloria se están saliendo fuera de la iglesia? Quizás, es porque nosotros no entendemos que las bendiciones de Dios vienen a nuestras vidas cuándo obedecemos a Su palabra.

Mientras usted reflexiona sobre este problema confuso de longitud del cabello, inevitablemente su mente preguntara preguntas como: ¿Las mujeres de Dios ya no desean llevar el símbolo de sumisión su autoridad? ¿A ellas no les importa que el cabello largo, sin cortar es una gloria para ellas y tener el cabello corto una vergüenza según la Biblia? ¿Se les han olvidado a ellas que los ángeles están mirando para ver si ellas tienen esta marca de distinción? ¿No se recuerdan que este era el método original de Dios para afirmar la diferencia entre el varón y hembra?

Aunque las Escrituras pueden contestar varias de estas preguntas hay algunos cristianos que simplemente escogen ignorar. La Palabra de Dios apoya estas verdades pero algunos ya no sienten que es válido en su estilo de vida o acciones. Muchos santos están sintiéndo el afecto de la discordancia. Y algunas iglesias han dejado de predicar en total sobre el asunto del cabello y creen que ya no tiene importancia.

¿Puede esto afectar todo el Cuerpo de Cristo? ¿Pensamos nosotros que nuestro adversario, el mundo, ya no nos toma en cuenta? Claro la respuesta francamente a estas dos preguntas es, sí. Sí, esto afecta todo el Cuerpo de Cristo. Sí, el mundo todavía nos toma en cuenta. Le dare un ejemplo reciente, una hermana en el Señor me dijo que fue a su trabajo el otro día y uso su cabello suelto al largo de su espalda. Cuando ella entró al cuarto de descanso, algunos de sus co-obreros comentaron que bonito era su cabello. ¡Después ella consiguió darles su testimonio y compartir con ellos su convicción—*ellos todavía la notan!*

El espíritu de unidad en la iglesia también está en peligro de supervivencia que podría ser totalmente destruida.

La Unidad puesta en Peligro

En primer lugar, cuando las señoras en el Cuerpo de Cristo van contra la Palabra de Dios y cortan su cabello, desafortunadamente el resultado es la desunión extrema. El Espíritu Santo no puede fluir a través de corazones que están llenos de parcialidad. La "unidad del Espíritu en el vínculo de la paz" se ahoga cuando todos estamos examinándonos sobre los hombros y lleno de opiniones diferentes. Algunos creen que hay mucha importancia al principio del cabello de mujeres, otros creen que recortar el cabello es de acuerdo si se guarda largo, y otros piensan que si no les permite cortar su cabello como ellas desean, están en la esclavitud. Jesús oró para que hubiera unidad entre Sus discípulos,

Mas no ruego solamente por éstos, sino también por los que han de creer en mí por la palabra de ellos, para que todos sean uno; como tú, oh Padre, en mí, y yo en ti, que también ellos sean uno en nosotros; para que el mundo crea que tú me enviaste. La gloria que me diste, yo les he dado, para que sean uno, así como nosotros somos uno (Juan 17:20-22).

Hay una gran fuerza, poder, y efectividad en la unidad y unidad de espíritu. La historia familiar de la Torre de Babel encontrada en el libro de Génesis ilustra este punto. Las personas tenían una actitud de "descuido." Ellos se rebelaron contra Dios y Su Palabra. Esto fue el principio de la religión de si mismo, llamado el Humanismo. Ellos podrían haber pensado, "Nosotros no necesitamos a Dios, nosotros podemos hacerlo solos." Ellos querian hacer un nombre para si mismos. Quizás el intento era impresionar a los habitantes de la tierra de Shinar.

Su meta era unir a todas las personas en un reino. Dios no los ignoro; Él sabía exactamente lo qué estába pasando. Él es verdaderamente imparcial y justo en todos Sus procedimientos contra el pecado y pecadores. Él aparentemente les permitió proceder un buen tiempo en su empresa antes de que Él le pusiera fin, posiblemente para que ellos pudieran tener espacio para arrepentirse. Cuando bastante era bastante, el Señor bajó y dijo, *He aquí el pueblo es uno, y todos éstos tienen un solo lenguaje; y han comenzado la obra, y nada les hará desistir ahora de lo que han pensado hacer* (Génesis 11:6).

¿Por qué nada se refrenó de ellos? Ellos lograron lo que ellos partieron hacer porque ellos tenían un esfuerzo unificado. Dios nos está enseñando en este verso una lección sobre la unidad sea esfuerzo para el bien o para el mal. Tuvo que haber confusión para esparcir a estas personas de hacer lo que ellos propusieron lograr en sus corazones.

Las mujeres no comprenden que cortar o recortar su cabello tiene gran importancia que puede causar confusión severa en el reino espiritual. La confusión esparce el espíritu de unidad. Nosotros, la Iglesia queremos introducir a los pecadores a la presencia del Señor Jesúcristo pero la confusión ha ahogado nuestros esfuerzos. Los esfuerzos evangelistas se han puestos fútil.

Hay otra razón que el mandamiento de unidad en la iglesia dado por Jesús no se puede cumplir. La razón de eso es "un espíritu de la fiesta," explica el Rev. Daniel Segraves, Vice Presidente Ejecutivo y Presidente de la Sección de Teología de la Universidad de Vida Cristiana (Christian Life College), en su libro, la *Longitud de Cabello en la Biblia* (Hair Length in the Bible). Él escribe que un espíritu de la fiesta es normalmente "dividido en numerosos grupos que se han separado."[1]

Este término "espíritu de fiesta" adecuadamente describe un sueño tan perturbante que yo tuve una noche. Yo soñé que cuando yo entré en la iglesia todo estaba como una gran fiesta. Las personas se iban y venian. Había algunos grupos separados a un lado haciendo su propia cosa.

Mi Cabello, Mi Gloria

Nadie estaba alabando al Señor en el culto pero todos estában riéndose y hablando. "Esto no es como debe ser la iglesia," pense a mí misma en el sueño. Yo mire alrededor y cada persona se estaba mezclando con otros grupos diferentes de personas. Segraves hizo la descripción y el significado tan claro. Piensa sobre esto un momento. Cuando usted está en una fiesta no se unifica normalmente con un grupo pero se mezcla de un grupo a otro. Claro, los pecadores que visitan la iglesia no se fijan quien tiene el cabello cortado o sin cortar. Sin embargo, ellos deben darse cuenta del sentimiento de "nuestra unidad de espíritu y de propósito, una unidad que produce trabajos buenos que a su vez dan la gloria a Dios."[2] Desunión sabotea *el poder que actúa en nosotros* (Efesios 3:20).

La Fuente de Poder Amenazada

Otro hecho lamentable que esto causa en la iglesia, y quizá ignorantemente, es que pone en cortocircuito una de las fuentes de poder que Dios nos ha dado. ¿A veces yo me pregunto lo que pasa con el poder de Dios en nuestros servicios de altar? ¿Está apagado el poder de Dios asi a nosotros? ¿Podría ser esto la causa por la cual cuándo nosotros le ponemos las manos a el enfermo ellos no se recuperan milagrosamente o cuándo nosotros ponemos las manos en los ciegos, ellos no reciben su vista? Jesús les dio a los discípulos la *autoridad para sanar enfermedades y para echar fuera demonios* (Marcos 3:15). ¿Como una Iglesia, nosotros también, debemos tener este mismo poder pero cómo podremos obtenerlo nosotros?

Puede obtenerse a través del acto de obediencia; sin embargo, por el simple tijeretazo al recortar el cabello nuestro poder ha estado apagado y a quedando inactivo en el Cuerpo de Cristo. Así, el enfermo, el cojo, el ciego se marchan defraudados y frustrados. ¡Efectivamente, el Señor llena esas almas hambrientas del poder del Espíritu Santo por Su misericordia y su gracia, pero nosotros no vemos el poder maravilloso-activo milagroso de los tiempos antiguos! Portavoz de la conferencia Marietta Wolfe dijo una vez en una junta de Señoras en Washington,

"¡La razón que hay tan pequeño poder y gloría en algunas iglesias es porque las señoras tienen tan pequeño poder y gloría en sus cabezas!"³ El velo era el poder, honor y dignidad de la mujer en las Tierras Orientales. Nuestro velo es nuestro cabello consagrado sin cortar. Según Reverendos Archibald Robertson y Alfred Plummer en su libro, *Un Comentario Crítico y Exegetico de la Primera Epístola de San Pablo a los Corintios* (A Critical and Exegetical Commentary on the First Epistle of Saint Paul to the Corinthians), "Con el velo en su cabeza ella puede entrar con seguridad y respeto profundo en cualquier parte. Ella no se ve; es una marca de modales malas observar a una mujer cubierta en la calle. Ella está sola. El resto de las personas alrededor no existen ella, y ella no existe para ellos. Ella es suprema entre la gente. . . . Pero sin el velo la mujer es una cosa sin valor quien cualquiera puede insultar. . . la autoridad de una mujer y la dignidad desaparece cuando ella desecha el velo que la cubre."⁴

Peter Lorie cita en su libro, *Supersticiones* (Superstitions), un hombre por el nombre de Eric Maple que declara en su propio libro, *las Supersticiones y el Supersticioso* (Superstitions and the Superstitious), "¡Que la longitud del cabello 'es meramente una crencia contradictoria y superstición del siglo viego que nos pide creamos que la fuerza del estado y la estabilidad de sociedad generalmente está de alguna manera inexplicada dependiente a la longitud de cabello llevado por sus ciudadanos!' "⁵

Ahora, nosotras podemos mirar asi atrás al final del Siglo Viente cuando no muchas mujeres cortaban su cabello. Antes de ese tiempo se grabaron milagros, señales y maravillas. Charles Finney por si mismo en su día ganó millones de almas a Jesúcristo. El evangelista ungido, Señora Mary Woodworth Etter vio los centenares venir a Jesús en su ministerio del año 1844 a 1916.⁶

Pero hoy día si usted es una señora con el cabello largo, usted es distinta a los demas y a menudo tiene que dar una razón por tenerlo asi. Muchos no entienden la conexión Bíblica entre el poder y el cabello de las mujeres porque por las últimas ocho décadas lo han cortado libremente sin el recurso. Más sobre eso en Capítulo Cinco.

¿Cómo podemos saber con seguridad que hay una conexión al poder activo milagroso y el poder que está en la cabeza de las mujeres? Vamos a darle una mirada más íntima al verso, 1 Corintios 11:10, *Por lo cual la mujer debe tener señal de AUTORIDAD* (énfasis mio) *sobre su cabeza, por causa de los ángeles.* La palabra "potestad" viene del palabra Griega "exousia" con la definición: la autoridad, la jurisdicción, libertad, el privilegio; la fuerza; la capacidad (la Concordancia Strong's #1849). La Escritura que encontramos en Lucas 10:19 usa el mismo palabra "potestad," *He aquí os doy POTESTAD* (énfasis mio) *de hollar serpientes y escorpiones, y sobre toda fuerza del enemigo, y nada os dañará.*

Aunque el palabra "potestad" se usa en Lucas 10:19, hay dos palabras diferentes usadas en el Griego original. La Escritura se da mejor rendimiento *He aquí os doy AUTORIDAD o os doy JURISDICCIÓN o CAPACIDAD de hollar serpientes y escorpiones.* Podría insertarse cualquiera de las definiciones.

El "poder del enemigo" simplemente significa la fuerza o el poder milagroso por lo cual él (el diablo) manifiesta su maldad. Hablando sobre "las serpientes y escorpiones," Jesús está hablando sobre el poder del diablo—los demonios, espíritus malos, y todas sus cohortes. ¡Así que, nosotros necesitamos recordar que las mujeres y hombres llenos del Espíritu Santo tienen autoridad sobre el diablo y todos sus demonios! Claro, el propio Dios es el poder detrás de nuestra autoridad.

Otro ejemplo de distribución de poder se menciona en Mateo 10:1, *Les dio AUTORIDAD* (énfasis mio) *sobre los espíritus inmundos, para que echasen fuera, y para sanar toda enfermedad y toda dolencia.*

Un policía que dirige el tráfico durante la hora de la prisa sólo alza sus manos para detener los automóviles. ¿Tienen estos hombres el poder físico para detener los vehículos si los chóferes escogen no detenerse? No. El policíaco usa la autoridad que lleva puesto en su insignia concedida a ellos por el gobierno que ellos sirven.

Se usan otros ejemplos de "poder-exousia" cuando Jesús estaba refiriéndose al poder que lo levantaría del muerto (Juan 10:18). Tam- bién, en Mateo 9:6, la Biblia dice que Jesús *pues para que sepáis que el Hijo del Hombre tiene potestad en la tierra para perdonar pecados.* Este poder imponente se les da a esas señoras que escogen llevar su cabello largo y sin cortar. ¡La fuente de poder se encuentra en la sumisión a la verdad encontrada en la Palabra de Dios!

Cooper señala que los "indios Sioux aceptaron el cabello tanto como el asiento de fuerza que ellos revendieron (scalp) a sus enemigos para quitarles su poder incluso en la muerte."[7] Un médico nombrado y autor, Dr. Herman Goodman, informan a sus lectores en su libro, *Su Cabello, Su Salud, Belleza, Y Crecimiento* (Your Hair, Its Health, Beauty, and Growth) que "los Nativo de Amboyna pensaron que su fuerza los abandonaría si ellos fueron afeitados."[8] "Muchos Camboyanos," Goodman agrega, "para ellos tocar la cabeza de una persona se considera una ofensa grave."[9]

Indio que revende el enemigo

La Gloria Disminiyó

Y qué acerca de la importancia encontrada en la Escritura en 1 Corintios 11:15 ¿cuándo dice que el cabello de la mujer es honroso para ella? ***Por el contrario, a la mujer dejarse crecer el cabello le es honroso; porque en lugar de velo le es dado el cabello.***
Esta palabra "gloria" en griego: "doxa" se usó 145 veces exclusivamente en el Nuevo Testamento. Un ejemplo de gloria es cuando Jesús estaba describiendo a Solomon, *con toda su gloria* (Lucas 12:27). Solomon tenía poder notable, prosperidad, y gloria. Él se aprovechó de las condiciones favorables para la expansión de comercio ambos por la tierra y por el mar. Su fuente principal de riqueza vino de su cobre minando y refinando. Él construyó ciudades para sus carros y jinetes como esta grabado en 1 Reyes 9:19. La ciudad tenía establos para por lo menos 45,000 caballos.
Las noticias de la gloria y poder de este hombre alcanzaron asi al sur. Tanto que la Reina de Sheba tuvo que ir a ver por si misma. Ella se asombro, y se fue del lugar diciendo, ***Y mis ojos han visto que ni aun se me dijo la mitad*** (1 Reyes 10:7).
El Diccionario Americano y los Diccionarios Webster los dos definen la palabra "gloria" como: **1.** un gran honor, alabanza, o distinción dado con un consentimiento común. **2.** algo que trae honor o renombre. **3.** un recurso muy notable. ¡Un recurso físico, como el cabello bonito! Es interesante que estos dos diccionarios usen el cabello bonito para un ejemplo de gloria.

Una tarjeta postal de tres mujeres

Investigando, yo encontré que Charles Darwin, en sus escrituras, *El Origen de Especies por medio de Selección Natural—El Descenso de Hombre y Selección con respecto a el Sexo* (The Origin of Species by Means of Natural Selection—The Descent of Man and Selection in Relation to Sex), cita a el apóstol Pablo en 1 Corintios 11:15, que el cabello de una mujer es su gloria.

Darwin, el enemigo astuto de la verdad de creación, declara que "las trenzas largas son ahora y eran anteriormente muy admiraradas y pueden observarse en los trabajos de casi todos los poetas."[10] Esto es demostrado en el poema escrito por el Inglés Robert Cavalier Herrick a su amante Julia cuyo cabello se ató en una red de oro:

> Dígame, lo que necesitan esos engaños ricos,
> Esas Trenzas dorados, y redes-Trarrimel,
> Para tomar tus cabellos cuando son conocidos
> ¿Ya dome, y todo es vuestro?
> Si yo soy salvaje, y más del
> cabello Merezco estos
> Enredos y esas marañas.
> Suelte sus Trenzas y
> permítales fluir Como el aire
> respira, o el viento soplo.[11]

"El poder del cabello de una mujer," declara Goodman, "fue usado para entrampar y encadenar los corazones de hombres."[12] Casi por todas partes en el mundo, el cabello de las mujeres ha sido un objeto de atracción sexual. Su poder potencialmente seductor ha entrado en la mitología con la historia del Lorelei, que cantó sobre una piedra mirando através del Rio Rhine y peinandose sus largas trenzas doradas mientras atrayend la muerte a boteros (boatman) imprudentes que levantaron sus ojos a verla.[13]

Henry Wadsworth Longfellow en *La Saga de Rey Olaf* (The Saga of King Olaf), escribió un poema:

Mi Cabello, Mi Gloria

Ni diez yugo de bueyes
Tienen el poder para atraernos
Como el cabello de una mujer.[14]

El libro de la Institución de Smithsonian sobre el cabello declara, "El cabello largo fue considerado tan vital al derecho Franco real de sucesión que en el sexto siglo DC la Reina Clotilde permitió que sus nietos fueran asesinado en lugar de esquilados."[15] "Un medio de extraer las confesiones de prisioneros en la barra en las cortes Holandesas viejas," declara Goodman, "era la amenaza de cortar el cabello. Normalmente después de esa amenaza, el prisionero hacia una confesión completa, mientras los otros medios más dolorosos de tortura no habían rendido nada."[16] *"El Diccionario de las Señoras de 1694* (The Ladies Dictionary of 1694) declaró airosamente, 'de hecho el Cabello es un Gran Ornamento.' Un siglo más temprano, Martin Luther admitió, 'El cabello es el ornamento más fino que tienen las mujeres.' "[17]

América se extasió durante los 1880 con las siete hermanas Sutherland que viajaron con el gran Circo Barnum Bailey. La presentación estaba bajo el nombre "El Cabello más Largo en el Mundo." La longitud total de cabello que fluyó de estas hermanas era asombrosamente 36 pies, 10 pulgadas.

**Las siete hermanas
Sutherland c. 1880**

Mi Cabello, Mi Gloria

La úl tima de las hermanas Sutherland, Grace, se murió el 19 de enero de 1946.[18] Estas muchachas eran hijas de Fletcher Sutherland, un granjero de Nueva York que también trabajó como abogado y predicador de media jornada. Después, ellas ganaron una fortuna pequeña prestando sus nombres a una compañía de cabello tónico. Pronto las mujeres estaban de acuerdo con su eslogan de publicidad popular: "La Corona de Gloria de una Mujer es su Cabello."[19]

Simplemente uno de muchos, muchos ejemplos en la historia demostrarán que el mundo creyó una vez que el cabello de mujeres era una cosa gloriosa para mirar. ¡Es una maravilla que cualquiera querría cortarlo! Sin embargo, en el medio 1990, hay muchas razones por qué las mujeres lo hacen.

Algunas razones personales que yo he oído consisten de lo siguiente: **1)** ella tiene la autoestima baja, **2)** el cuidado es más fácil, **3)** no le gustó la manera en que este principio de cabello fue predicado o presentado a ella, **4)** Ella tiene un problema de rebeldía directamente hacia Dios, **5)** Ella piensa que ella está tomando un "Voto de Nazareo" **6)** Ella dice que "ella no tiene una convicción sobre él," **7)** Ella apenas quiere cortar los extremos muertos o hendido, **8)** Ella dice "que yo no estoy cortando mi cabello, yo simplemente lo estoy arreglando," y finalmente, **9)** Ella solo quiere tener el sentimiento que manda en alguna parte de su vida.

¿Si estas razones no las tenía originalmente cuándo ella se convirtió, entonces que fue lo que realmente pasó? ¿Ella perdió vista de la meta celestial? Quizá ella no entiende la importancia total. ¿Podría ser que ella cambió de pensar y después su mente floto fuera de Dios, o viceversa? Ella, quizás, se olvidó que Dios estaba transformando su vida.

La Transformación del Espíritu Santo

Es un fenómeno interesante que después de que una mujer se arrepiente totalmente de sus pecados, ha sido obediente al bautismo, y después llena del Espíritu Santo, y ella se vuelve una mujer bellamente transformada. Brevemente después de esto, Dios empieza a tratar

Mi Cabello, Mi Gloria

con ella sobre su cabello, ropa, actitudes, y otras cosas en su vida. Cuando ella se vuelve una nueva criatura en Jesúcristo, Él empieza a amoldarla y hacerla en una mujer piadosa o santa. Su deseo de ser sumisa a Cristo es más y más fuerte. Ella empieza a aprender sobre la oración, ayuno, compañerismo, y los otros desafios excitantes de servir al Señor. Uno puede notar que su espíritu empieza a ablandar ella es más sensible al Señor y a otros alrededor de ella. Ella empieza a vestirse modestamente y deja de cortar su cabello. El nuevo bebé-en-el-Señor le permite a su crecer como una señal de sumisión hacia Dios y Su Palabra. Yo he visto esto a menudo en muchos nuevos creyentes. Yo sé que esto es verdad porque me pasó a mí personalmente y a numerosas otras mujeres en la iglesia.

Sin embargo, durante este proceso una cosa descorazonar pasa. Con el tiempo, puéden ser meses o años, el Señor intenta perfeccionarla cada vez más enviando le algunas pruebas. Ella empieza a esforzarse y se debilita en su fe. En muchos casos, su corazón se endurece y ella sin orar suficiente se resbala inevitablemente, mientras intentando ajustar a la persona exterior sin ajustar ala persona interna.

Por consiguiente después de que el polvo es fijo, ella encuentra el camino al altar con su cabello arreglado, o peor aun, cortado completamente. ¿Qué angustia le causa a los que la rodean? ¿Y por qué les causa tanta desilusión a los miembros del cuerpo de Cristo? Permítame intentar explicarlo diciéndole una experiencia personal.

Cómo el Cuerpo es Afectado

Una vieja amiga que tenia en la iglesia pasó por un tiempo de prueba. Yo supe que ella paso a través de unas pruebas muy duras pero no se cómo la causo que desistirá. Un día yo la noté en el altar con su cabello corto. Al principio cuando la vi, no podría creerlo su cabello largo le llego a la cadera se lo corto por lo menos dieciocho pulgadas. Yo pensé que estaba viendo cosas. Yo no quise juzgar pero era muy notable. Era como si un cuchillo se apuñalara en mi corazón. Yo me afligí tanto, era como muerte. ¿Por qué haría ella eso, pensé yo? Yo tenía que hablar con ella y decir le lo que yo estaba sintiéndo. Ella no me dio ninguna respuesta realmente concreta. Ella tenía ese cabello bonito que uno admira tanto. Usted sabe el tipo que es espeso, largo, y vistoso. ¿Su fe realmente fue agitada lo suficente para hacerla responder con esos medidas drásticas? Después de que nosotros terminamos de orar yo tuve una oportunidad de decirle la desilusión que yo estaba sintiéndo. Nosotros habíamos sido amigas durante mucho tiempo y habíamos pasado por mucho juntas. ¡Yo sentía que cuando ella se cortó su cabello, fue como si ella hubiera cortado mi cabello, también!

¿Cómo podría ser esto? ¿Estaba yo sólo exagerando? No. ¿Entonces por qué yo tome esto tan personalmente? Después de orar sobre esto, el Señor me mostró que era porque la Biblia dice que nosotros somos todos partes del Cuerpo de Cristo. En el libro de romanos, se encuentran las dos Escrituras que han tenido un fuerte impacto en mí,

Así nosotros, siendo muchos, somos un cuerpo en Cristo, y todos miembros los unos de los otros (Romanos 12:5).

Porque ninguno de nosotros vive para sí, y ningún muere para sí (Romanos 14:7). (También vea yo 1 Corintios 10:17; 12:12; y Gálatas 3:28).

Yo lo comparo a alguien que se rompe un brazo o una pierna. Su cuerpo físico estará en gran dolor. Ellos cojearán durante algún tiempo y le causara al cuerpo moverse lentamente o incluso tendra que aprender a escribir con la mano opuesta a la que se rompió. Tiene el mismo resultado cuando una hermana se corta su gloria (cabello). Hay una causa y efecto. El cuerpo espiritual no puede impedir ser afectado de la misma manera.

Recientemente mi pastor predicó un mensaje que tan adecuadamente reitera el punto. Él nos recordó la historia de Achan encontrada en el libro de Josué, capítulo siete. La tragedia de la historia de Achan es que este hombre no comprendió las ramificaciones severas de sus acciones.

Mi Cabello, Mi Gloria

Las cosas que él robó no eran necesariamente malas. El manto de Babilonia, las monedas de plata, y un pedazo de oro; estas cosas eran en si mismas, pero Dios queria que estas cosas fueran consagradas a Él. Achan sin duda justificó tenerlos.

Su motivo era sólo egoísta, lujuria y codicia para después descubrir que tenía que esconder todas las posesiones robadas. El resultado de los tesoros codiciados terminó siendo sin valor a él. En cambio él cosecho humillación y pena capital.

Su castigo era drástico. Achan no estaba solo en su pecado. Él no se hirió sólo. La nación entera de Israel sufrió la turbación de derrota en la batalla de Ai. Los efectos del pecado de Achan también afectaron a su familia. La Biblia declara que toda su familia sufrió: sus hijos, sus hijas, también sus bueyes, sus asnos, su oveja, su tienda y todos que él tenía fue destruido (Josué 7:24-26). Por consiguiente nosotros podemos concluir que esta historia nos enseña los efectos serios de desobediencia y las consecuencias de pecado. Los resultados afectarán a todos.

Con esa historia en la mente, mi pastor declaró fuertemente, "Hay muy pocas acciones en las que nosotros podemos involucrarnos que no afecten a alguien más. Es una oportunidad rara para cualquiera de nosotros ser involucrado en algo que no afectará a alguien más." Mi amigo que fracaso a través de su prueba necesitaba entender que ella siguió el principio espiritual de la obediencia antes de ser salva. Bajo la sumisión al Señor ella permitió que su cabello creciera. En un momento de debilidad, ella rompió un principio espiritual con su desobediencia a los mandatos de Dios. Este tipo de pecado como todo el pecado necesita arrepentimiento.

Después yo noté que había otras señoras que también se cortaron su cabello. Parecía enviar un efecto a los miembros de la congregación así como cuando uno arroja una piedra en un lago y la agua se molesta.

¿Todos debido a una? Yo no estoy segura pero quizá un espíritu intentó entrar y tomar el control. Algunos dicen que usted no debe influenciarse por el pecado de otro pero permanecer fuerte. Esto puede ser verdad pero mire cómo el fracaso de Achan castigó a todos en Israel. Ellos sufrieron una gran derrota a la batalla de Ai. Es mejor ser en todo momento obediente a los mandatos del Señor no importar las pruebas que puedan venir.

Si nosotros amamos al Señor nosotros guardaremos sus mandamientos (Juan 14:15). La Palabra de Dios declara en 1 Juan 2:4, *Él que dice: Yo lo conozco, y no guarda sus mandamientos, el tal es mentir- oso, y la verdad no está en él.* El Señor nos ama. Él se preocupa de lo que nosotros hacemos; Él quiere guiar y cuidarnos. Él a sus ángeles mandara cerca de nosotros para que nos guarden en todos nuestros caminos.

Quizá para algunos es difícil entender que hay ciertas verdades básicas en la Palabra de Dios que deben seguir los cristianos. El apóstol Pablo no meramente estaba restringiendo a las mujeres de cuidar de su apariencia pero estaba ayudando a aclara, la confusión del arreglo de cabello para la mujer y el hombre.

Esto nos da entendimiento que la desobediencia a los principios de Dios puede causar peligro a la unidad del Cuerpo de Cristo, y amenazar nuestra fuente de poder. Si las señoras son libres de hacer lo que ellas quieren, la gloria de la iglesia disminuirá completamente. Y quizás, por eso hoy en algunas iglesias la gloria está totalmente ausente.

Mi esfuerzo es ayudar aquéllas que estan esforzándose para comprender la importancia sobre el asunto del cabello. Mi meta es ayudar y no molestar. *Cuando la sabiduría entrare en tu corazón, y la ciencia fuere grata en tu alma; la discreción te guardará; te preservará la inteligencia* (Proverbios 2:10-11).

Notas Finales

   1. Daniel Segraves, *Hair Length in the Bible* (Hazelwood: Word Aflame Press, 1989), 14
   2. Ibid.
   3. Nona Freeman, "Endangered Glory," *Gospel Tidings*, 5.

4. Archibald Robertson, DD, LLD, and Alfred Plummer, MA, DD, *A Critical and Exegetical Commentary on the First Epistle of Saint Paul to the Corinthians*, 2nd ed. (1911; New York: Charles Scribner's Sons), 232.

5. Eric Maple, "Hair-length and its associations," *Superstitions and the Superstitious*, rpt. in Peter Lorie, *Superstitions* (New York: Labyrinth Publishing), 48.

6. *Miracles, Signs and Wonders Wrought in the Ministry of Mary Woodworth Etter* (Portland: Apostolic Bible Publishers, 1984).

7. Cooper, 41.

8. Herman Goodman, BS, MD, *Your Hair, Its Health, Beauty, and Growth* (New York: Emerson Books, 1950), 255

9. Ibid., 254.

10. Charles Darwin, *the Origin of Species by Means of Natural Selection—The Descent of Man and Selection in Relation to Sex* (1859; Chicago: William Benton, 1952), 588

11. Cooper, 73.
12. Goodman, 251.
13. Cooper, 68.
14. Henry Davidoff (ed.), "Hair," *Pocket Book of Quotations* (1942; New York: Pocket Books, 1952), 127.
15. Smithsonian Institution's National Museum of Design, *Hair* (New York: M. H. Birge & Sons Co., 1980), 8
16. Goodman, 255.
17. Smithsonian, 25.
18. John Durant and Alice Durant, *Pictorial History of the American Circus* (New York: A. S. Barnes and Company, 1957), 121
19. Severn, 114-115

3 – Los Aspectos Bíblicos

El Señor se preocupa por nosotros y lo que nosotros hacemos. Nuestra Cristianidad no puede estar sin el Señor que nos guié mientras nosotros estamos aprendiendo a caminar en el Espíritu. Qué consuelo tenemos al saber que Él nos mira y nos guía. Salmo 91:11 declara que Él dio *pues a sus ángeles mandará acerca de ti, que te guarden en todos tus caminos.* A muchas mujeres se les olvida que los ángeles están presentemente mirando sobre nosotros. Ellos miran sobre todo a esas mujeres que llevan su cabello largo y sin cortar como una señal de sumisión.

La Audiencia Angélica

¿Cómo podemos saber con seguridad que los ángeles nos están mirando? Aunque muchas personas creen en la presencia de ángeles, miremos de nuevo en la Biblia y leamos lo que dice sobre los ángeles. Según David, el rey de Israel, él declara en el libro de Salmos 34:7, *El ángel de Jehová acampa alrededor de los que le temen, y los defiende.* En el libro de Eclesiastés, nosotros leímos que el Rey Solomon nos advierte que no revoquemos votos que nosotros hemos confesado a nuestro ángel, *No dejes que tu boca te haga pecar, ni digas delante del ángel, que fue ignorancia* (Eclesiastés 5:6).

Y el apóstol Pablo en el Nuevo Testamento declara reflexivamente, *pues hemos llegado a ser espectáculo al mundo, y a los ángeles y a los hombres* (1 Corintios 4:9). Cuando él dijo que esa Escritura quizá los concursos de gladiador estaban frescos en su mente. Él se imagina que todo el mundo, y los ángeles de Dios miran así a nosotros mientras caminamos con el Señor aquí en la tierra. No sólo nos miran los ángeles pero son enviados a atender a aquéllos que serán los herederos de la salvación: Hebreos 1:14, *¿No son todos espíritus ministradores, enviados para servicio a favor de los que serán herederos de la salvación?*

Es evidente en las Escrituras anteriores que los ángeles están invisiblemente pero siempre presentes con nosotros. En los tiempos más tempranos, las personas aceptaban la existencia de ángeles libremente. Las personas Judías decían historias antiguas de cómo los ángeles le habían ayudado a Abraham, Moisés, Elías, Balaam, y Daniel.

El Nuevo Testamento también grabo cartas que advierten contra la práctica común del culto a los ángeles. La Biblia habla de los ángeles que están de pie con el deseo de examinar nuestra salvación (1 Pedro 1:12). En el libro de Isaías, capítulo 14: 12, **Cortado fuiste por tierra,** nosotros leímos sobre el orgullo de satanás y sus ángeles que por consecuencia fueron todos despojados de sus posiciones prestigiosas. Para un estudio extenso vea: Ezequiel 28, Judas 1:6, y 2 Pedro 2:4.

Loretta Bernard y David Bernard, autores de *En Busca de la Santidad* (In Search of Holiness) declaran que la mujer debe tener el poder en su cabeza como una marca, una señal debido a los ángeles. Ellos declaran además, "ella [la mujer] debe ser un ejemplo incluso a los ángeles. Ellos miran para ver si ella tiene la marca de consagración, sumisión y poder con Dios, o si ella es rebelde como satanás."[1] "La mujer es un tipo de la iglesia," Bernard y Bernard concluyen, ". . . y ella señala a los ángeles si acaso la iglesia está siendo sumisa o no a Cristo, la cabeza de la iglesia."[2]

En el tracto popular, "*Sólo Para las Señoras*" (For Ladies Only) (No. 107) escrito por M. J. Wolff, "Pablo está escribiendo '*debido a los ángeles*' (verso 10) demuestra, sin duda que si hay conexión con el asunto de mujeres, cabello largo, y los ángeles estan al tanto de la obediencia, ejemplo, y testimonio."[3]

Según Dr. Matthew Black el editor general del Comentario de *Peake de la Biblia* (Peake's Commentary on the Bible), "si una mujer se quita el velo en la oración, ella no tiene ninguna protección contra las fuerzas maligans angélices, el logar espiritual donde ella ha entrado es peligroso; su velo sería su 'autoridad' contra ellos."[4] Si esto es verdad el enemigo puede ver si acaso la señora lleva puesto su cubierta cuando ella va a la oración. Si no lo lleva, entonces según Black la señora se es presa abierta para el asalto de mal. Esto pasa en el reino físico o en la mente dónde luchamos la mayoría de las batallas espirituales.

Mi Cabello, Mi Gloria

Y para poner esta teoría a prueba, piense en todas las mujeres que usted conoce quién se ha rebelado intencionalmente contra el principio del cabello y han escogido no llevar su "cubierta." ¿Es su vida mejor o peor? ¿Su vida está floreciendo en las bendiciones de Dios o ella está esforzándose con las pruebas múltiples que constantemente la plagan? ¿Piensa usted que podria haber una conexión entre la sumisión, obediencia, y bendiciones?

Dios Envío un Sueño

Yo había estado trabajando con una creyente nueva. Ella luchó con el principio de cabello Bíblico del cabello. Ella hacia bien por algún tiempo y luego cortaba su cabello. Entonces ella oraba se arrepentía y consagraba su vida de neuvo a Dios pero después de pocos meses ella cortaba su cabello de nuevo. Éste fue su ciclo espiritual durante años.

Entonces un día, ella me dijo que; ella oró seriamente para que Dios le hablara sobre el cabello y su importancia. Ella dijo que el Señor le dio la respuesta en un sueño. Esto es lo que ella me dijo. Que tan verdadero es nosotros nunca sabremos pero el Señor sabe.

Su sueño fue así. Ella soñó que ella estaba en el cielo. Había una luz luminosa. Ella no podría ver al Señor pero ella oyó Su voz. Ella examino así un lado. Y vio un número grande de ángeles que estaban de pie. Ella le preguntó al Señor que, para qué eran estos ángeles.

El Señor le contestó, "Esos ángeles fueron creados y asignados estrictamente para esas mujeres que no cortan su cabello," hablando de las mujeres santas consagradas. "Ellos son para proporcionarle a esas mujeres poder, protección, y provisión," Él dijo tranquilamente; entonces su sueño se acabó.

Estupendo, pensé yo ése era un sueño real. El sueño que Dios le envió fortaleció la conviccíon que yo tenía. Yo regocijé con ella que el Señor había sido bondadoso al revelar le esto a ella. La ayudó durante algún tiempo. Poco tiempo pasó y entonces yo comprendí, que su problema, era un problema de la rebelión profundamente-sembrado. Mi corazón se afligió por ella. Yo odio ver a cualquiera caminar fuera del Señor. Aunque Dios le habló en un sueño a esta señora con el tiempo ella dejó de venir a nuestra iglesia.

¿Nazareos en los Años Noventa?

Yo he oído que algunos dicen que es de acuerdo arreglar su cabello porque ellos estan recibiendo un voto de Nazareo. ¿Después yo me pregunté si había alguna importancia a esa correlación, o es una idea que alguien preparado en su mente para perpetuar la confusión de cabello? ¿Es posible tomar un voto de Nazareo en este día y envejecer a ser un cristiano eficaz?

Yo empecé a investigar la importancia del voto de Nazareo y encontrar que era para esos Israelitas en el campamento que tenían un hambre profunda para acercarse a Dios. Este voto involucró "una separación o una consagración" por un periodo específico (de 30 a 90 días) de devoción especial al Señor.

Cualquiera de las personas Hebreas podría tomar este voto; no había ninguna restricción tribal como en el caso del sacerdocio Levitico. Rico o pobre, libre o cautivo, varón o hembra—todos fueron permitidos volverse Nazareos.

Los tres ejemplos Bíblicos eran Samson (Jueces 13:7), (1Samuel 1:11), y San Juan Bautista (Mateo 11:18-19). Todos eran escogidos por sus padres o Dios al nacimiento y seguían siendo Nazareos a lo largo de sus vidas.

Nazareos consistían de hombres comunes que vivían dentro de la comunidad Israelita. Su separación se demostró absteniéndose de las cosas mundanas por tres señales exteriores. El Señor le dijo a Moisés en Números 6:3 que ellos *se abstendrá de vino y de sidra*.

Según el *Diccionario de la Biblia Ilustrado de Nelson* (Nelson's Illustrated Bible Dictionary), señala, "Cuando una persona decidía hacerse *santo para el Señor* (Números 6:8) para algún servicio especial él estaba de acuerdo en abstenerse del vino y otras bebidas

Mi Cabello, Mi Gloria

intoxicantes. Esta prohibición era tan estricta que incluía uvas, jugo de la uva, y pasas."[5]

Otra restricción era que la persona se negaría a cortar su cabello, y no se rasuraba (Números 6:5). El propósito de el cabello largo era como una señal visible de la consagración del Nazareo al Señor (Números 6:7). "El cabello era una marca de separación," explica Bernard y Bernard.[6] Ellos escriben que significa "fuerza, perfección, y gloria; el crecimiento libre de cabello en la cabeza representó la dedicación de una persona a Dios con toda su fuerza e impulso."[7] El *Diccionario de la Biblia Ilustrado* (The Illustrated Bible Dictionary) declara, "El cabello se consideró como el asiento de vida."[8]

Es más, según Unger, él declara, "El cabello largo y sin cortar del Nazareo era un símbolo de fuerza y vitalidad abundante y se usaba en honor del Señor como señal que él pertenecía al Señor, y dedicó su servicio al Señor con todo sus poderes vitales. En ese entonces, también, un crecimiento lujoso de cabello largo parecía un ornamento, y en el caso del Nazareo, era la diadema de la cabeza consagrada a Dios."[9] (Compare Jeremías 7:29.)

Este método de consagración no sólo se limitó a la nación Hebrea. Sus vecinos irreligiosos también practicaron este ritual. "En las costumbres antiguas de otras naciones," escribe James E. Freeman, en *las Maneras y Costumbres de la Biblia* (Manners and Customs of the Bi- ble), ". . . los Egipcios, Sirios, Griegos, Romanos, y Arabes, tenían costumbre en tiempos de peligro inminente consagrar su cabello y su barba a los dioses."[10]

En 247 AC la reina de Egipcio Berenice dio su cabello en el altar de Afrodita para la seguridad en la guerra de su hermano–marido, Ptolemeo III; se creía en esos días, que su cabello esquilado, fue llevado a los cielos y se volvió en la Coma de la constelación Berenices.[11]

El Nazareo no se acercaba ni tocaba un cuerpo muerto porque lo haría ceremoniosamente sucio. Ellos no enterrarían a sus propios parientes muertos. Si una persona accidentalmente rompía su juramento Nazareo, él tenía que pasar por una ceremonia de restauración para ser limpio de nuevo (Números 6:9-12) y presentar sus ofrendas al sacerdote. Según el *Diccionario de la Biblia Ilustrado de*

Nelson, "era como si él estuviera volviendo a empezar de nuevo y los días de servicio anterior no se tomaban en cuenta."[12]

"Las ofrendas del Nazareo a la realización del periodo del voto," la *Nueva Biblia de Estudio de Versión Internacional* (New International Version Study Bible) explica era "extenso, caro y expresivo del espíritu de compromiso total al Señor durante este tiempo de devoción especial."[13] Cuando el tiempo especificado fue completado, el Nazareo podría aparecer ante el sacerdote para la ceremonia de liberación.

Después de ofrecer un cordero masculino para una ofrenda quemada, él ofrecería un cordero de la oveja para la ofrenda del pecado, seguido con un carnero para la ofrenda de la paz. Luego la ofrenda de una canasta de pan ázimo, los pasteles de harina fina mezclaron con el aceite, y las obleas de pan ázimo ungidos con el aceite. Todos los sacrificios se completaron con las ofrendas de carne y ofrendas de bebida.

Entonces el gran final, la persona cortaría su cabello que fue permitido crecer mucho tiempo y lo quemaba en el altar. El sacerdote tomó un pedazo del carnero, un pastel, una oblea, y los puso en las manos del Nazareo y ofreció una ofrenda de la ola. Sólo entonces era totalmente el Nazareo liberado de su voto.

Según el *Comentario de la Biblia Harper* (Harper's Bible Commentary), declara "cualquier compromiso al Dios santo de Israel, sea por sacerdote o por Nazareo, sería tomado con la gravedad suma y disciplina por que poria perjudicar la santidad de la comunidad entera."[14]

En el caso de Samson, sin embargo, aunque él era un Nazareo desde su nacimiento, él obviamente no tenía la creencia profundamente en su corazón. Él constantemente desafió la separación de Nazareo a través de sus apetitos carnales. Él probablemente bebió a una fiesta especial que él preparó grabada en Jueces 14:10. Comentaristas asumen que esto es verdad porque bebiendo el vino era en una práctica común en las fiestas del Este Cercanas Antiguas.

En los versos 8 y 9 de Jueces 14, nosotros encontramos una ocasión dónde él toco un cadáver por el camino, eso era una infracción de la ley. La última de las violaciones proverbiales que Samson hizo

Mi Cabello, Mi Gloria

fue exigir que sus padres le consiguieran una esposa de los Filisteos. Negándose a guardar el voto de la separación repetidamente, él segó los resultados terribles y murió una muerte ignominiosa (Jueces 16:25-30).

No es necesario hacer un voto de Nazareo hoy día para ser un cristiano eficaz. Nosotros necesitamos presentar nuestros cuerpos *en sacrificio vivo, santo, agradable a Dios, que es [nuestro] culto racional* (Romanos 12:1). La Biblia dice en 2 Corintios 6:17, *Por lo cual, Salid de en medio de ellos, y apartaos, dice el Señor, y no toquéis lo inmundo; y yo os recibiré.*
Cuando el cabello de Samson fue cortado, él se volvió como cualquier otro hombre. Cuando nosotros cortamos nuestro cabello, nosotros también, nos volvemos como todos los demás en el mundo. La voluntad del Señor es que seamos personas separadas, y que no nos parezcamos a todos los demás del mundo. ¡Nuestro cabello largo normalmente es lo primero que notan principalmente porque es diferente!

El apóstol Pedro escribe, *Amados, yo os ruego como extranjeros y peregrinos, que os abstengáis de los deseos carnales que batallan contra el alma* (1 Pedro 2:11).

Con un mejor entendimiento acerca del voto de Nazareo nosotros sabemos que no puede haber una correlación con una mujer que arregla su cabello hoy y recibir el voto antiguo de Nazareo. Ninguna Escritura puede encontrarse para poner los en correlación. Quizás ésta es una idea que el diablo preparó para perpetuar la confusión de cabello.

Sin embargo nosotros podemos leer en la Palabra de Dios que nos dice, *como hijos obedientes, no os conforméis a los deseos que antes tenías estando en vuestra ignorancia* (1 Pedro 1:14), *sino vestíos del Señor Jesucristo, y no proveáis para los deseos de la carne* (Romanos 13:14). La vida Cristiana no es sólo un voto de treinta días aquí y allí, pero es un compromiso día tras día que debe guardarnos hasta la eternidad, hasta el cielo.

El Sueño de cada Mujer

He aquí que tú eres hermosa, amiga mía; he aquí que tú eres hermosa; tus ojos entre guedejas como de paloma; tus cabellos como manada de cabras que se recuestan en las laderas de Galaad (Cantares 4:1). Ésas eran las pala-bras que hablo el Rey Solomon de amor-intoxicado a su nueva novia Sulamita. Es el sueño de cada mujer recibir palabras de adoración de su marido. Esa noche de boda para la mujer Sulamita su sueño se hizo realidad. Su marido estaba diciendo las palabras del aplauso de amor y afecto a su novia y sin falta habló de su cabello.

También es interesante que Solomon repitió el mismo cumplimiento de nuevo en Cantares 6:5. ¿Qué es lo que él realmente estaba diciendo cuándo él comparó su cabello a una bandada de cabras que aparecen en la Montaña Galaad?

La Corona de Amor c. 1875

¿Había alguna importancia, o eran simplemente palabras ordinarias de amor-enfermo? ¿Por qué esta metáfora crea una escena bonita en la mente de sus lectores?

Mi Cabello, Mi Gloria

Solomon usó palabras pintorescas para ayudarnos a ver de lejos. Si nosotros fueramos familiarizados con los paisajes de Israel, nosotros podríamos visualizar las cabras negras contra un fondo más pálido. Nosotros podemos imaginar una bandada que van de la montaña.[15] Rey Solomon frecuentemente podría haber visto esto a la distancia através de una ventana favorita del palacio. Las olas oscuras del cabello de la Sulamita y su cabello largo suelto le recordaron las cabras elegantes de Galaad. Su cabello se asemejó al valioso tesoro de cabras. En tiempos de la Biblia, los pastores Hebreos valoraron la cabra porque era un animal útil. Las cabras son principalmente negras con el cabello largo, de seda. Ellos tejían su cabello en un tipo de tela áspera. Ellos bebían la leche de la cabra que es dulce y más nutritivo que la leche de vaca. Es ideal para hacer el queso. Se usaron las pieles de las cabras para hacer botellas que transportaron agua y vinos.[16]

Después en el capítulo 7:5, Solomon usó un símil diferente que describe su cabello. Él dijo, *Tu cabeza encima de ti, como el Carmelo; y el cabello de tu cabeza, como la púrpura del rey suspendida en los correderos*. No era ningún accidente que Solomon comparó el cabello de la Sulamita a la púrpura. Así como el cabello de la señora es el más valioso artículo en su cuerpo; el tinte purpúreo era el artículo más favorablemente e estimado dentro de la nación de Israel.

En Ugarit, una ciudad de los Cananeos, a menudo la lana se tiñó a este color. La púrpura era un monopolio de los fenicios en que su nombre derivó de la fuente del tinte. La tinta propiae se obtuvo de una especie de marisco, de trunculus y murex, encontradas en el Mar Mediterráneo.

Según Delitzsch, autor de *Iris*, "La tinta tomada de estos mariscos no es su sangre, pero la secreción limosa de una glándula que ellos tienen en común con todos los caracoles. Esta secreción no es el color rojo o violeta más fino, pero blanquecino. Sin embargo, cuando expuesto, a la luz del sol empieza a colorar como una superficie fotográfica, y pasando a través de las sombras de amarillo y verde, establece el color purpúreo que es una combinación de luz roja y de violeta y esto mezcló el color, mientras a veces tiene más azul, y a veces más rojo, es imborrable."[17]

Un total de 250,000 moluscos fueron usados para hacer una onza de tinta, aclara en parte su gran precio. Un manto de la púrpura mejor de Tyre, como los hábitos lujosos requeridos del imperio, costó diez mil sestercios, es decir, más de quinientos dólares.[18] El costo de la tinta del molusco era mucho más caro que nuestro $1.49 tinta Ritz común.

La frase "contenida las galerías" es una metáfora que sugiere que el cabello encantador de la Sulamita limitó o esclavizó a Solomon a ella.[19] Si su cabello hubiera sido lanudo o afeitado, ella no habría podido capturar el afecto de su marido. La mujer Sulamita no tenía ninguna duda en su mente que su marido pensó que ella era bonita.

En el corazón de cada mujer hay una necesidad a ser afirmada del amor de su marido. Hay una presión doble para la mujer; Cuando ella sabe que ella es la gloria de su marido, y que ella debe tener el cuidado de la gloria en su cabeza. Esas señoras que cortaron su cabello por la razón de autoestima baja, podrían haber estado padeciendo de una sequedad aguda de afecto.

Quién sabe que pasaría si sus maridos a menudo tocaron suavemente y acariciaran con sus dedos la gloria o el cabello de sus esposas. Tranquilizaría a las esposas para que la belleza de Dios brillaría a través de ellas, quizá algunas de esas mujeres soltaríande la tentación de cortar su cabello para hacerse sentir más deseable a sus maridos. Ahora ése sería el sueño de cada mujer.

Completa en Él

Sin embargo, la verdad del hecho es, si nuestros maridos se gozan por nosotros o no, nuestra autoestima no viene de una persona, o de la aprobación de otras personas. De vez en cuando todas las mujeres padecen de autoestima baja o una imagen pobre de si mismas. Nuestra estima sólo puede venir del Señor, porque nosotros somos **completos en él** (Colosenses 2:10). Él nos aceptó como nosotros éramos y nos hizo dignos en la cruz del Calvario.

Piense en todas las mujeres solas que no tiene maridos quien les de validez y valor. Hay una Escritura de ánimo para nuestras hermanas solas, en Isaías 54:5, *Porque tu marido es tu Hacedor; Jehová de los ejércitos es su nombre; y tu Redentor, el Santo de Israel; Dios de toda la tierra será llamado.*

Pablo dice en Romanos 12:3 que no debemos tener mas alto concepto de si mismos; pero pensar sobriamente. La única "estima" que nosotros debemos tener como instruido en las Escrituras es para otros, y sobre todo para aquéllos que atienden el evangelio. La Biblia dice en Filipenses 2:3, *Nada hagáis por contienda o por vanagloria; antes bien con humildad, estimando cada uno a los demás como superiores a él mismo.* Y en 1 Tesalonicenses 5:13, *y que los tengáis en mucha estima y amor por causa de su obra. Tened paz entre vosotros.*

Desgraciadamente, la "excusa de autoestima baja" no tendrá validez cuando nosotros estamos de pie ante Dios. No hay tal cosa como la desobediencia justificable a los principios de la Palabra de Dios. . . . pero más sobre la relación del cabello y autoestima en el Capítulo Ocho.

Mi Marido, My Cubierta

En el mismo capítulo de 1 Corintios 11, la Escritura dice que una mujer orando o profetizando con su cabeza descubierto deshonra su cabeza (verso 5). Nosotros podriamos decir que esto significa que si ella ora o profetiza con su cabello "corto," según la Escritura, ella deshonra su cabeza. Su cabeza es su marido según 1 Corintios 11:3. Sin embargo, "su cabello sin cortar," Bernard y Bernard informa, "es un símbolo de sumisión a la autoridad."[20]

En el *Comentario Bíblico Jerome* (Jerome Biblical Commentary) declara que la expresión "deshonra su cabeza" puede significar que "podria herir su dignidad femenina" y/o "avergonzar públicamente a su marido rechazando la señal de sometimiento de hembra. Su vergüenza es como la de la mujer cuya cabeza se ha rasurado; una alusión quizás al castigo vergonzoso predicho por Isaías 3:24, así como a la repugnancia natural."[21]

Según Elizabeth Rice Handford, en su libro, *Su Ropa lo Dice Para Usted* (Your Clothes Say It For You), "Dios ha hecho una provisión maravillosa para una mujer, y eso es la protección amorosa, sabia, compasiva de su marido. Si ella se someterá a su marido, entonces ella está segura del más virulento de los ataques de satanás.... Una esposa debe dar la bienvenida a la protección de su marido. Ella lo recibe sometiendo a él."[22]

En una lectura por *El Almanaque Bíblico* (The Biblical Almanac), una historia ilustra la influencia y poder que una mujer tiene lo comprenda o no. "La historia dice que una vez un hombre pío se casó a una mujer pía. Ellos no tenían hijos, y finalmente ellos estado de acuerdo se divorciaron. El marido se casó con una mujer mala y ella lo hizo malo. La mujer pía se casó a un hombre malo y ella lo hizo honorable.[23]

La Gloria de la Novia

El matrimonio era de hecho el evento más importante en la vida de una persona Judía. La ceremonia propia de la boda empezó con una bendición procedida por una fórmula corta, entonces la muchacha joven se dio a su marido. La pareja se introdujo en una habitación nupcial dónde un cama, nombrada *"huppah,"* fue preparado.

Normalmente la novia tenía que esconder su cabello y guardar su cabeza cubierta. Pero en el momento que estaba en la cama nupcial la muchacha soltada su cabello.[24] Robertson y Plummer declaran, "En la boda Hebrea (Hebrew Marriage Ceremony), como es celebrado en Palestina moderna... el marido coge fuera el velo de la novia y lo tira en su propio hombro, como una señal que él ha asumido la autoridad sobre ella."[25]

El matrimonio se consumó a través de la unión sexual mientras los invitados esperaron afuera. Una vez hecho fue anunciado, las festividades de la boda continuaron, con invitados llegando despues a la fiesta de la boda. Tradicionalmente la celebración de la boda duró una semana o dos.

Mi Cabello, Mi Gloria

La ocasión era verdaderamente alegre especialmente para la familia porque ellos sabían que habría otra casa Judía establecida. El deseo de la familia es que pudieran ser "Bayit Ne'eman, una casa Judía fiel," dice Ben M. Edidin, el autor de *Costumbres Judías y Ceremonias* (Jewish Customs and Ceremonies). "Un término Hebreo para matrimonio," Edidin escribe, "es Kidushin, que significa un evento santo, sagrado."[26] La ley del Mosaico declaró claramente que un Israelita nunca se casaría con un Cananeo (Deuteronomio 7:1-3). Quizás el Israelita constantemente "se tentaría para abrazar los dioses del esposo" informa el *Diccionario de la Biblia Ilustrado de Nelson* (Nelson's Illustrated Bible Dictionary), así, atrayendo el amado fuera del verdadero Dios, Jehová.[27]

En tiempos antiguos un hombre podría obtener un divorcio fácilmente si la mujer tenía el hábito de soltar su cabello. "Había las razones suficientes para el divorcio," afirma Meilsheim, ". . . cualquier tipo de desmán, falto de bondad así a los parientes de su marido en su presencia, discutir, hablando tan ruidosamente con su marido que los vecinos pudieran oír, hilar la lana en la calle, y si ella tuviera el hábito de soltar su cabello."[28]

En la Literatura Rabínica, "el cabello se consideró por los Rabinos como tan poderoso aumento de belleza que recomendaron que las mujeres casadas lo escondieran. En relación con esta recomendación el Talmud relaciona lo siguiente: Kimhit, la madre de siete hijos que consecutivamente sostuvo la oficina de sacerdotisa alta, se le preguntó una vez por qué mérito era ella tan bendecida en sus hijos. 'Porque,' dijo ella, 'las vigas de mi casa nunca han visto mi cabello.' "[29]

Uno tenía que tratar su matrimonio con honor y respeto. El Israelita tenía que tener presente los requisitos de los esponsales aceptados en el día de la boda. Así como el cabello de las mujeres en el matrimonio Judío antiguo tenía gran importancia, y todavía juega un papel importante para nosotros hoy.

Usando la ceremonia de la boda Judía antigua como una metáfora, portavoz de la Conferencia, Reverendo Lee Stoneking, en su cinta, *La Senda* (The Pathway), tan elocuentemente describió la Iglesia que se prepara para la venida del Señor.[30] Cada aspecto de la ceremonia se retrata en una analogía. Stoneking relaciona a sus oidores el proceso de la preparación complejo dirigido por la doncella novia.

"Se le investigó completamente para los intermedias partículas," explica Stoneking, "Éstos se compara con el pecado en la vida del creyente de hoy." Él declara más allá que la ley le exigió que ella visitara la casa de baños antes de la ceremonia de la boda. Ella era totalmente sumergida para la limpieza. Su cabello largo sería peinado y usado suelto y destrenzó. Ninguna grapa, ningún alfiler, nada fue permitido estar en su cabello. Su cabello debía estar en su más pura forma. Su cabello largo normalmente flotaba encima del agua cuando una de las sirvientas la empujada rápidamente abajo del agua.

Stoneking empieza a divagar de su texto en una explicación profunda del directo paralelo entre las mujeres de Dios de hoy que tienen cabello largo y sin cortar y la novia Judía. El significado es más bien la apertura del ojo. Los "predicadores les han faltado miserablemente las mujeres en la iglesia hoy," confiesa Stoneking, "al no ayudárlas a que entiendan el papel vital y tremendo que ellas juegan en el reino de Dios." Él declara enfáticamente, las "mujeres han sido escogidas por Dios para hacer algo que los hombres nunca serían capaz de hacer." Él continúa diciendo que "Dios en Su sabiduría tiene un plan para destruir los trabajos del diablo que se llevará a cabo por las mujeres."

Él cree que el problema no es predominantemente el cabello largo, porque numerosas señoras por todas partes tiene el cabello largo. "En algunas culturas," él nos recuerda, "el cabello de mujeres no crece." La razón por la cual su cabello no crece puede ser por el clima o sus hábitos nutritivos, pero cualquier que sea la razon, el problema real es si el cabello está cortado o no.

Aquí en América, por otro lado, cuando una mujer entra en la iglesia, ellas esperan que su cabello crezca inmediatamente pero muchas veces tiene dificultades con el crecimiento. Eso es porque el cabello ha sido arruinado con tintes, permanentes, rizós, acalorado, o blanqueó muchas veces.

Al tiempo que ellos entran a la fe, el cuero cabelludo se daña y las raíces estan sumamente dañadas. Las hermanas en el Señor quieren que crezca pero no puede. Los resultados normalmente dejan la gran

Mi Cabello, Mi Gloria

frustración en las vidas de las mujeres recién nacidas. Sin embargo, a pesar de todo el tumulto emocional, muchas señoras que yo conozco le piden a alguien que ungiré su cabello con el aceite y oran por la restauración del crecimiento de cabello. El Señor cortésmente llena las raíces a su estado normal. . . y su gloria empieza a crecer. Todos nosotros regocijamos juntas que su cabello empieza a crecer para la gloria de Dios. ¡Es un testimonio maravilloso!

"Yo realmente no lo entiendo totalmente," admite Stoneking, "pero me convencen que hay una conexión directa con un poder angélico y una mujer que permite su cabello crecer largo" (es decir no arreglando en absoluto). Él ha visto esto vez tras vez en sus 28 años de ministerio. "¡Hay una presencia angélica encontrada en sus casas," Stoneking confiesa, "yo lo conozco, yo lo he sentido!"

Él capsuliza su punto declarando munchas veces cuando él va a un lugar donde las mujeres de Dios usan su cabello largo y sin cortar, él siente una presencia soberana. Cuando él camina en la iglesia y se prepara para predicar él dice que él puede sentir el mismo poder angélico residencial imponente profundo que simplemente cubre sobre toda la congregación con sus alas. "La gloria," Stoneking exige, "¡es maravilloso!" Él ha visto un tremendo movimiento de Dios en curaciones, señales, maravillas, y milagros. ¡Él declara que es algo tan poderoso!

Sin embargo, en el contraste, él puede sentir también de la diferencia en esas iglesias dónde las mujeres cortan su cabello o las mujeres nunca oyen la predicación contra el corte de cabello. Él ha descubierto que no hay ningún poder real presente en esas iglesias. Él ha concluido al decir que él lamentablemente rechaza cualquier invitación para predicar en esas iglesias.

La doncella Judía tenía que guardarse pura para su novio. Nosotros, como la novia de Cristo debemos guardarnos puros y limpios de las cosas mundanas. La decepción puede atraer a las señoras de guardar su gloria en la forma más pura. El influencia para ser como el mundo es tan fuerte, y el débil se entrampa por su señuelo engañador.

Este punto fue declarado fácilmente en un artículo que corrió en la *Noticias del Evangelio* (Gospel Tidings) por autor, misionera, y portavoz de la conferencia, Nona Freeman. Sirvir a Dios para ella "no es una devoción esclavizada a las novedades y tendencias, pero debe ser un ejemplo de santidad en este mundo malo." Ella continúa escribiendo, "yo tengo un intenso deseo de lavar Sus pies con mis lágrimas de gratitud por Su multitud de misericordias tiernas y limpiarlos con mi cabello, así que yo me ocuparé de mi gloria cuidadosamente, por si acaso."[31]

El Gran Lavado

Cuando usted piensa en un ejemplo de cabello largo y sin cortar en el Nuevo Testamento, uno piensa inmediatamente en las dos mujeres en los Evangelios que lavaron los pies de Jesús y los secaron con su cabello largo. Jesús estaba profundamente emocionado por sus actos de culto mientras los apóstoles se perturbaron por estas acciones.

En Lucas 7:38, nosotros encontramos a la primera mujer que era la pecadora penitente anónima quien, no tengo ninguna duda, habia oído a Jesús predicar previamente quizás de el perdón, a la frontera del pueblo. Ella era una mujer de la ciudad, una ramera que tenía una reputación ofensiva. Sin embargo, eso no la detuvo. Abandonándo la vieja vida, ella se empujó a través de la muchedumbre hasta llegar a la casa del Fariseo dónde Jesús estaba.

Al momento, el miedo la agarró herméticamente porque ella sabía que la ley rígidamente condenaba a las rameras. Las Escrituras Santas declaran en Deuteronomio 22:21 que todas las rameras deben apedrearse, y en Levítico 21:9 ellos serían quemados.

Esos hombres buenos presente en la casa podrían invocar cualquier castigo aunque su corazón arrepentido le dolía profundamente. Ella tenía que ver a su Señor y Salvador a pesar de cualquier mirada fija acusadora o las miradas de soslayo. Llegando finalmente a la puerta, ella se adelanto audazmente hacia Jesús. Con el amor y gratitud que crecían rápidamente en su alma, ella tomó una respiración profunda y se arrodillaba detrás de él. Ella estaba en la presencia del Dios Santo. Sus misericordias tiernas y las bondades amorosas que ella sentía se volvieron agobiantes.

María lavando los pies de Jesús (Guido 1995)

El peso de su vida pecadora era tan pesado para ella. . . lo único que ella podía hacer era llorar irrefrenablemente. Cuando sus lágrimas vertieron mojando sus mejillas y suavemente se derramaron en Sus pies, ella alzó un pie a la vez amablemente y los acaricio suavemente.

Cuando ya no podía derramar más lágrimas, ella tomó su gloria (cabello) avergonzada en sus manos y limpió Sus pies hasta secar los. La única manera que ella supo mostrar su verdadero amor y el afecto era besar los pies del Maestro, porque este hombre no era como ningún otro que ella había conocido.

Había aun una cosa que hacer. Ella vertió el aceite fragante de su frasco en los pies de Jesús, Ungiéndolo, como si fuera, con el aceite de su Alegría, Adoración, Agradecimiento, y Acción de Gracias su cara manchada de lágrimas brillaba.

Los otros nunca realmente entendieron el amor del Maestro. Jesús perdonó sus pecados, y le dijo que fue su fe que la salvó. Ella tenía una nueva oportunidad a la vida. Ese día glorioso era como ningún otro; ¡ella podría realmente ir en paz!

La segunda mujer, grabada en Juan 12, era María de Betania, la hermana de Lázaro que ungió a Jesús una semana antes de su crucifixión. Ella sabia en su espíritu que su tiempo era cortó. Su corazón estaba lleno de gratitud por todas las cosas que Él había hecho en su vida. Ella estaba especialmente agradecida al Señor porque levanto a su hermano de los muertos.

María usó un frasco de ungüento costoso para mostrar su gratitud y adoración. El valor del ungüento era trescientos centavos (denarii) que es equivalente al sueldo de un año. La fragancia llenó toda la casa, mientras provocando las palabras duras sobre por su extravagancia.

Spikenard es una hierba aromática importada del Este. El ungüento precioso se usó para preparar los cuerpos para el entierro y consagrar a los reyes. Ungiendo normalmente se hace a la cabeza pero María, en un acto de humildad absoluta, vertió el ungüento en sus pies y usó la gloria más alta (su cabello) para limpiar la parte más baja del cuerpo. Su expresión tierna indica su devoción profunda a Jesús y su deseo de servirle.

Ella recordó el día cuando su hermana la reprendió por no ayudar en la cocina. Jesús vino a su rescate. "María escogió esa parte buena," Jesús dijo ciertamente. Su hermana, por otro lado, se puso en la función pródiga. Parecía que Martha estaba inpuesta a las visitas de Jesús y ella no tenía tiempo ya para escuchar al Maestro hablar. María no podría ayudar pero si quereia beber cada palabra que el Maestro hablaba. "¡Un día!," ella pensó así misma cuando ella miró fijamente Sus

Mi Cabello, Mi Gloria

pies, "¡Cuando consiga la oportunidad, yo lo ungiré el rey... Rey de mi Corazón!"

Gran apreciación y amor fueron desplegados por estas dos mujeres en los Evangelios. Ellas lavaron los pies de Jesús y los secaron con su cabello largo. Ellas se aprovecharon de una oportunidad de rendir culto al Rey de reyes y Señor de señores. Era una demostración dramática. Ellos pudieron tomar su gloria que Dios les dio y usarla en un acto de culto.

¡Que privilegio! Si su cabello hubiera sido afeitado, arregló, o calzón del corte, ellas quizás no hubieran tenido la oportunidad de rendir culto a Jesús en esa manera sin reservas, o estas historias nunca se habrían grabado en la Biblia.

En el resumen, nosotros leímos en la Palabra de Dios que los ángeles están mirando presentemente sobre el cuerpo de Cristo, sobre todo las mujeres que se han consagrado hacia el Señor y han llevado su cabello largo y sin cortar como un símbolo de sumisión. Nosotros podríamos creer según el sueño de una mujer que hay ángeles asignados a aquéllas de nosotras que no cortamos nuestro cabello. Ellos nos darán el poder, protección, y provisión.

Nosotros sabemos por nuestro estudio del Nazareo que nosotros no podemos usar este tipo de voto como una excusa para arreglar nuestro cabello. La mujer Sulamita esclavizó a su marido el rey con su cabello negro largo y bonito. Las dos mujeres humildes del Nuevo Testamento que lavaron los pies de Jesús su acto de homenaje no se podrían hacer si su cabello no lo hubieran guardado largo.

Notas Finales

1. Loretta Bernard and David Bernard, *In Search of Holiness* (Hazelwood: Word Aflame Press, 1981), 131.
2. Ibid.

3. M. J. Wolff, "For Ladies Only," tract no. 107 (Hazelwood: Pentecostal Publishing House).
4. Matthew Black, DD, D.Litt. D.Theol., FBA (ed.), "The Scandal of Unveiled Women," *Peake's Commentary on the Bible* (Nelson, 1962), 838.
5. Herbert Lockyer, Sr. (ed.), "Nazarite," *Nelson's Illustrated Bible Dictionary* (Nashville: Thomas Nelson, 1986), 749
6. Bernard and Bernard, 127.
7. Ibid.
8. Douglas, "Nazarite," 1063.
9. Unger, "Nazarite," 780.
10. James M. Freeman, AM, "Vows–Nazarites," *Manners and Customs of the Bible* (Plainfield: Logos International, 1972), 453.
11. Cooper, 66, and Barbara Walker, *Myths and Secrets*, 367-368.
12. Lockyer, 749.
13. Kenneth Barker (ed.), *NIV Study Bible*, study notes (Grand Rapids: Zondervan, 1985), 199
14. Mays, "Law for Preserving the Holiness of the Camp," 187.
15. Mays, "The Wasp," 526.
16. Lockyer, "Goat," 56.
17. Unger, "Colors," 213.
18. Ibid.
19. Criswell, study notes 776.
20. Bernard and Bernard, 131.
21. "The Traditions," *Jerome Biblical Commentary* (Englewood Cliffs, NJ: Prentice-Hall, 1968), 270
22. Elizabeth Rice Handford, *Your Clothes Say It For You* (Murfrees- boro, TN: Sword of the Lord Publishers, 1976), 60-61.
23. James I. Packer, AM, D.Phil. (ed.), "Summary," *The Biblical Al- manac* (Nashville: Thomas Nelson, 1980), 430.
24. Meilsheim, 84.
25. Robertson and Plummer, 233.
26. Ben M. Edidin, *Jewish Customs and Ceremonies* (New York: Hebrew, 1941), 63
27. Lockyer, "Marriage," 681.
28. Meilsheim, 87.
29. Singer, "Rabbinical Literature," 158.
30. Lee Stoneking, *The Pathway*, tape
31. Nona Freeman, 5

4 - Permita la Historia Hablar

No fue accidente que Dios inspiró al apóstol Pablo a escribir Prima Corintios 11:14, 15, *La naturaleza misma ¿no os enseña, que al varón le es deshonroso dejarse crecer el cabello? Por el contrario, a la mujer dejarse crecer el cabello le es honroso; porque en lugar de velo le es dado el cabello,* y verso 10, *Por lo cual la mujer debe tener señal de autoridad sobre su cabeza, por causa de los ángeles.*
 ¿Que podría ser la importancia de estos versos a las personas que Pablo estaba escribiendo? ¿Cómo eran? ¿La sociedad Corintia era muy diferente a nuestra sociedad hoy?

En los Días de Corinto

Aunque el significado de estos dos versos es principalmente basado en los principios espirituales, nosotros podemos asir un entendimiento más profundo de lo que el apóstol Pablo estaba diciendo si nosotros miramos más profundamente primero a las personas Corintias y su cultura Griega. Nosotros descubriremos las respuestas a las preguntas siguientes: ¿Qué era la condición espiritual de esta ciudad durante el tiempo que esta escritura fue escrita? ¿Cómo estaba la inmoralidad desenfrenada en los corazones de los hombres? ¿Y qué significaba ser una mujer viviendo en la ciudad de Corinto?
 Muchos de los pasajes que el apóstol Pablo usó en sus dos cartas a los Corintios muestran que él tenía un conocimiento íntimo de las personas y sus ocupaciones. Él estaba escribiendo a personas que eran malas y estaban empapados en el pecado horroroso. Ellos eran muy adinerados, bien aprendidos, y de posiciones prominentes. Investigando un poco a la distancia, usted descubrirá que la sociedad

Corintia estaba envuelta en un estilo de vida horrible y su inmoralidad no era lejos de la inmoralidad nuestra.

Cada ciudad grande tiene su lugar de pecado dónde las prostitutas, mujeres que se desnudan, jugadores, y narcotraficantes vagan mujeres que se desnudan, jugadores, y narcotraficantes vagan para conseguir su porción justa del intercambio del dinero de los turistas que se reúnen para mirar tontamente este ambiente perturbador. Nueva York tiene Times Square; San Francisco tiene el distrito Playero Norte; Nuevo Orleans tiene la Calle Bourbon; y claro, nosotros no podemos olvidarnos de Las Vegas y sus calles malditas. El pecado está casi por todas partes en nuestra nación.

El mundo antiguo de Corinto era casi igual; tenía una reputación despreciable. Por las normas nuestras nosotros pensaríamos que ellos tenian un estilo de vida "tipo salvaje." Nuestro vernáculo moderno para el verbo Griego, "para Corinthianizar" era similar a la palabra de lenguaje popular que nosotros tenemos hoy para alguien que descaradamente "anda como gato en las calles" (cat around).

Los ciudadanos "Romanos hicieron a los Corintios el extremo de chistes sucios," informa la *Nueva Biblia del Estudiante* (New Student Bible), "dramaturgos los retrataron de forma consistente como los alborotadores" ebrios.[1] Sería el último lugar que cualquiera querría empezar una iglesia. Sin embargo, y a la sorpresa de todos, después de dieciocho meses del trabajo duro de Pablo, la iglesia fue fundada y fue una de las iglesias más grandes en el primer siglo.

Varios años después, él oyó reportes de numerosas enfermedades espirituales en la iglesia. Esto es lo que lo incitó escribir las dos cartas a los Corintios alrededor del año 55 DC. ¿Pero exactamente qué estaba sucediendo?

Corinto tenía una población estimada que casi alcanzó setecientos mil durante el día de Pablo. Cuatrocientos mil de ellos eran esclavos. La ciudad tenía dos puertos muy productivos, Cenchrea y Lechaeum. Aunque Corinto no era un pueblo universitario como Atenas, se caracterizó por la cultura Griega típica. Su condición espiritual estaba lejos de conocer al Dios Verdadero.

Sus personas estaban interesadas en la filosofía Griega y ponían un premio alto en la sabiduría. Esto es lo que incitó al apóstol citar a Isaías el profeta, *Pues está escrito: Destruiré la sabiduría de los sabios, y desecharé el entendimiento do los entendidos* (1 Corintios 1:19). Usted se puede imaginar la cara de la popa del apóstol cuando él pregunto muy provocadoramente, *¿Dónde está el sabio? ¿Dónde está el escriba? ¿Dónde está el disputador de este siglo? ¿No ha enloquecido Dios la sabiduría del mundo? Pues ya que en la sabiduría de Dios, el mundo no conoció a Dios mediante la sabiduría, agradó a Dios salvar a los creyentes por la locura de la predicación* (1 Corintios 1:20, 21).

Entonces él escribe significativamente en verso 22, *Porque los judíos piden señales, y los griegos buscan sabiduría.* Él puede haber estado pensando, "las gentes tienen que entender esto," cuando él continuó en la Escritura verso 25, *Porque lo insensato de Dios es más sabio que los hombres.* ...

En otros términos, los Corintios tenían que venir a un lugar dónde ellos no podrían depender más en su sabiduría mundana pero confiar en el Señor Jesucristo. Sin embargo, no era fácil para ellos dejar de confiar en sus propias habilidades. ¿Cómo podrían ellos confiar en un Dios que ellos no podrían ver? Ésta era una práctica a la que ellos no estaban acostumbrados debido a sus generaciones de culto idólatra.

Los Templos Griegos

Había más de doce templos dedicados a sus dioses paganos en la pequeña ciudad. Le daban honor especial era hecho en las fiestas y celebración para sus dioses y diosas. Aproximadamente un cuarto de una milla al norte estaba el templo de Asclepius, el dios de sanar. Localizado en el centro de su ciudad estaba templo de Apolo, el dios del sol, la cabeza de todos los otros dioses. Además entre otros, ellos rendían culto al dios de profecía, música, medicina, y poesía.

El apóstol Pablo usó un símil que ellos podrían entender encontrado en el sexto capítulo del segundo libro de Corintios, verso

16, ¿*Y qué acuerdo hay entre el templo de Dios y los ídolos? Porque vosotros sois el templo del Cios viviente, como Dios dijo: Habitaré y andaré entre ellos, y seré su Dios, y ellos serán me pueblo* (2 Corintios 6:16).

El templo con la mayoría de visita se construyó en Acrocorinthus. Este edificio era para la diosa infame, Afrodita, que era patronato de prostitutas. El culto de esta diosa de amor crió la prostitución en el nombre de religión. Los dos puertos de la ciudad atraerían a marineros y otros viajeros de todo el mundo conocido, venir y complazcan se en su promiscuidad.

Había mas de mil prostitutas sagradas que sirvieron en el temple.[2] "Frecuentemente," escribe Donald Webster Cory en su libro, la *Homosexualidad: Un Acercamiento Cultural Cruzado* (Homosexuality: A Cross Cultural Approach), "el templo estaba lleno de personas jóvenes que habían sido tomados como prisioneros de guerra y después fueron vendidos."[3] En muchos casos, pero no todas, las prostitutas sacerdotisas paganas se poseyeron por el propio templo mientras otras alquilaron un espacio para trabajar su comercio. Según Dr. Fernando Henriques, conferenciante en la Antropología Social, Universidad Leeds, en su libro, *Prostitución y Sociedad* (Prostitution and Society), "para el ciudadano mas ordinario en la búsqueda de 'el amor' los burdeles eran el método más conveniente y más barato disponible."[4]

Estos sirvientes del templo trabajaron su comercio abiertamente, y con éxito, según el geógrafo Strabo, "la ciudad debía su prosperidad a la atracción de su entretenimiento."[5] "Una de las razones que Corinto era una ciudad tan rica," declara Bullough y Bullough, en su libro, *Mujeres y Prostitución: Una Historia Social* (Women and Prostitution: A Social History), "era porque miles de extraños venian a visitar a las muchachas."[6] "Solon, el gran dador de leyes Ateniense, era el fundador del sistema burdel de la ciudad."[7]

Había varios niveles de prostitutas; de los hetaira de categoría, cortesanas, bailarines, y jugadores de la flauta y las prostitutas empobrecidas. Todos ellos se vendieron por un demisere solamente, el equivalente hoy, de dos centavos.

La "prostitución se aceptó como un estilo de vida natural," Bul lough y Bullough explican, "tanto que muchos estados reclutaron un impuesto de sus practicantes."[8] Los estados Griegos regularon las cuotas y guardaron récord de ellos para coleccionar el impuesto prostituido. Su costo era casi nada, sólo un obol o un centavo y medio. "Las cuotas que pagaban, por bajas que fueran," declara Henriques, "aumentaron al estado y se usaron en parte para los gastos corrientes del templo. El resto era una ganancia al estado."[9]

Mis esfuerzos de la investigación me han llevado a estar de acuerdo con El *Comentario Bíblico Jerome* (Jerome Biblical Commentary), "no hay ninguna evidencia para la declaración de algunos comentaristas que las prostitutas en Grecia afeitaron sus cabezas. Más bien, en la seguimiento de su comercio ellos tomaron grandes dolores con su peinado."[10] La ramera de Grecia supo el poder seductor del cabello. Para atraer a los clientes con anticipación y esperanza ella tomaba horas vistiendo su cabello para ganar la atracción de algunos. Aún, estudiando crimen y castigos, yo no encontré donde "afeitando la cabeza" era una "sentencia" al crimen de prostitución, en cambio yo encontré que la ley de Moisés dice que la sentencia era *quemada será al fuego* (Levítico 21:9) o *la apedrearán. . . y morirá* (Deuteronomio 22:21).

Yo encontré que Freeman declara en su libro que para el castigo ellos "arrancaron el cabello fuera por las raíces."[11] Nehemías 13:25 dice que él hizo esto a los judíos, *Y reñí con ellos, y los maldije, y herí a algunos de ellos, y les arranqué los cabellos. . . .* "Se dice que los Atenienses antiguos castigaron a los adúlteros," Freeman continúa "arrancando el cabello del cuero cabelludo y cubriendo la cabeza entonces con cenizas calientes."[12]

Como usted podra entender, Corinto era un centro abierto de in- moralidad desenfrenada. El apóstol Pablo tenía que amonestar a los Corintios abruptamente, *¿No sabéis que vuestros cuerpos son miembros de Cristo? ¿Quitaré, pues, los miembros de Cristo y los haré miembros de una ramera? De ningún modo. ¿O no sabéis que el que se une con una ramera, es un cuerpo con ella? Porque dice: los dos* *serán una sola carne* (1 Corintios 6:15,16). El apóstol tenía que virtualmente volver a entrenar los en la manera de pensar. Tolerar la idea de incesto no les parecía tan terribles a los miembros de la iglesia, por lo tanto, Pablo tenía que escribir en 1Corintios 5:1, 2, *De cierto se oye que hay entre vosotros fornicación, y tal fornicación cual ni aun se nombra entre los gentiles; tanto que alguno tiene la mujer de su padre. Y vosotros estáis envanecidos. ¿No debierais más bien haberos lamentado?* . . . Pablo recibió un informe que había inmoralidad sexual entre los miembros de la iglesia que ni siquiera ocurrió con los paganos. ¡En lugar de sentir pesar sobre esto, ellos eran arrogantes!

Tan terrible como puede parecer, los Corintios no se detuvieron a la prostitución hembra ni el incesto pero ellos estaban muy envueltos con la pederastia, una práctica, hoy día, a la que nosotros nos sorprenderíamos. Esta práctica lasciva era más que meramente tolerada; fue admirada profundamente. Estos catamites [los muchachos jóvenes bonitos] moraban en el templo y competían con las mujeres a venderse a los hombres más viejos. Sin embargo, la mayoría de los hombres tenían su propio 'favorito' quienes ellos compraban y guardaban hasta que el muchacho cumplía quince años de edad. Solon dijo una vez,

    Usted acariciará a un muchacho bonito
    Con tal de que él permanezca imberbe.[13]

La Inmoralidad Aumenta

Cory graba un arículo escrito por Hans Licht que declara "Pedophilia era al principio para los Griegos la manera más importante de instruir al varón joven."[14] Ellos estaban envueltos en el comercio extenso de muchachos jovenes que fueron comprados principalmente por los marineros Fenicios para llenar los harenes de oficiales militares adinerados.[15]

Mi Cabello, Mi Gloria

La literatura Griega, arte, poesía, y mitología se saturaron con suidealismo despreciable. Euripides, el negativo, da expresión entusiástica grabada en el poema, *Opaidez*: "¡O que consuelo mágico son los muchachos a los hombres!"[16]

Plutarch, un biógrafo Griego y filósofo que vivía en Corinto en el tiempo que Pablo, escribió una historia para exponer la existencia de la violación de muchachos. Es una historia de un hombre prominente, Archias, que era bien conocido entre los Corintios. Él estaba enamorado de la muchacho más bonito, Actaeon, el hijo de Melissus. Desde que el muchacho se negó a ser persuadido, él se resolvió violarlo con violencia. Archias montó por consiguiente a la cabeza de varios amigos y esclavos delante de la casa de Melissus e intentó llevarse al muchacho. Pero el padre y sus amigos ofrecieron una resistencia amarga, los vecinos también ayudaban, y durante el forcejeo entre los dos adversarios el muchacho fue arrastrado acá y allá, fue lastimado fatalmente, y murió.[17]

Un hombre llevando Un muchacho

Según Robert Flaceliere, autor de *Vida Diaria en Grecia al Tiempo de Pericles* (Daily Life in Greece at the Time of Pericles), "Nadies habrían pensado el menos de Pericles por hacer el amor a los muchachos jóvenes. . . ."[18] "El amor sensual de los Griegos," declara Cory, "también se dirigió hacia los muchachos que ellos buscaron y encontraron en el contacto sexual con ellos la comunidad con el alma."[19]

Esta práctica, sin embargo, no era extraño a estas tierras Medioorientales. Israel fue advertido por Dios a no ser involucrado con tales acciones abominables. Deuteronomio 23:17, 18 declara, *No haya ramera de entre las hijas de Isreal, ni haya sodomita de entre los hijos de Israel. No traerás la paga de una ramera ni el precio de un perro a la casa de Jehová tu Dios por ningún voto; porque abominación es a Jehová tu Dios tanto lo uno como el otro.* Según El *Diccionario de la Biblia Ilustrado* (Illustrated Bible Dictionary), "la frase despectiva 'perro' se refiere evidentemente a un prostituta masculino del culto."[20]

Durante el reino de Rehoboam, la práctica de prostitución masculina se volvió una práctica bien establecida (1 Reyes 14:24). En los días de Asa, Jehoshaphat, y Josiah había un esfuerzo activo por abolir esta práctica (Reyes 15:12; 22:46; 2 Reyes 23:7).

No es ninguna maravilla que el apóstol Pablo escribió en 1 Corintios 6:9, *¿No sabéis que los injustos no heredarán el reino de Dios? No erréis; ni los fornicarios, ni los idólatras, ni los adúlteros, ni los afeminados, ni los que se echan con varones.*

Estos cinco males estaban ocuriendo en el templo de Afrodita y virtualmente a lo largo de la ciudad entera. No hay ninguna duda que algúnos nuevos cristianos, en ese entonces, pueden haber regresado de nuevo a esas prácticas paganas. Pablo los animó que ellos no fueran engañados porque los ciudadanos de ese tiempo pensaron que todo era normal por su manera de pensar moderna. Como informado por Henriques, "el burdel se consideró como un medios necesarios para prevenir el adulterio."[21] "No es hostil al matrimonio," Cory afirma "pero suplemental como un factor importante en la educación."[22] Pablo enseñó que la iglesia debía seguir impoluta de esa manera pervertida de vivir.

La Mujer Griega

¿A pesar de toda la prostitución que sucedía, qué pensaba la sociedad de las mujeres y matrimonio durante este tiempo? Es muy obvio a través del número de referencias obtenidas que la cultura Griega fue varón-orientada y el lugar de la mujer disimuló. En la cultura antigua, la mujer entra sólo en el esquema del hombre Griego como la madre de sus niños y como la gerente de los asuntos de casa.[23]

Las mujeres apropiadas no tomaron parte en la vida pública. Para los hombres de ese tiempo, era inapropiado que una mujer que no era prostituta se exhibiera públicamente, para llamar atención. Las mujeres apropiadas no acompañaron a sus maridos como los invitados a otras casas, y si sus maridos tuvieran invitados a la cena, las esposas se excluyan de comer con ellos.

Las "mujeres tenían algunos derechos legales," explican Bullough y Bullough, ". . . ellas tomaban una parte haciendo los testamentos, en algunos concilios familiares, y ellas tenían sus propias organizaciones." Pero generalmente, las mujeres casi siempre dependían completamente de la provisión de sus parientes masculinos, maridos, padres, hermanos, o hijos.[24]

La Cultura Occidental se Compara

¿Cómo podemos nosotros comparar la cultura Griega a nuestro mundo Occidental? En breve, nosotros en la Cultura Occidental tenemos una cultura centralmente de mujer. Con esto quiero decir sin embargo, que ella no es el factor dominante, pero ella sin embargo, lleva muchas de las cargas de la vida cotidiana. Muchas veces ella ha parecido como un símbolo del sexo u objeto del sexo. Si ella escoge casarse ella normalmente lleva toda la responsabilidad de los planes de casamiento y gastos.

Cuando entra en la obra criar los niños, ella es la que da el cuidado primario si es solo o una casa de dos padres. Cuando los niños van malos, las personas prontamente señalan a la mamá. Si una muchacha sola se pone embarazada, el hombre normalmente se aleja sin cuidado alguno abandonando toda la responsabilidad a la mujer para el cuidado y educación de ese niño. En muchos casos, la mujer es más espiritualmente sensible que el hombre y llevará el peso de la oración en ella. En su libro *Hombres: Alguna Asamblea Requerida* (Men: Some Assembly Required), Chuck Snyder escribe "Pero en mi opinión usted como una mujer tiene que llevar más de su porción de las cargas del mundo, y la vida para usted [señoras] no puede parecer muy divertida."[25]

Ésto no es para lanzar piedras a cualquiera pero para ayudarnos a comprenda lo que nosotros los Americanos estamos enfrentando en nuestra cultura. Las presiones de feminidad están sobre nosotros las señoras. No es para lamentar el hecho pero para ayudarnos agarrar la complejidad del papel de la mujer. Un boceto en miniatura de nuestra cultura occidental nos ayuda a ver que aunque es mujer-central, también es varón-orientada.

Atrás al Día de Pablo

Cuando usted lea las Escrituras en 1 Corintios 11 acerca del cabello, nosotros instantemente queremos dirigir esas Escrituras a la mujer y ponerle presión así a la obediencia. A lo largo de la historia hasta el tiempo de Pablo y más allá, era un hecho de vida que todas las mujeres guardaron su cabello largo y sin cortar por tijeras o cualquier dispositivo de corte.

Según el disertante en los estudios Bíblicos en la Universidad Universitaria de Norte Wales (University College of North Wales), Bangor, Margaret E. Thrall, en su comentario, *La Primera y Segunda Cartas de Pablo a los Corintios* (The First and Second Letters of Paul to the Corinthians), "Ésta era una desgracia para las mujeres Griegas, y fue considerado especialmente deshonroso si ellas cortaran su cabello para imitar a los hombres."[26]

El cabello largo en los hombres, sin embargo, era la práctica a lo largo de Grecia Antigua. Según Severn, los hombres "Griegos llevaron el cabello tan largo que ellos tenían que trenzarlo en nudos y llevarlo encima de sus cabeza como coronas y atarlo en el lugar con horquillas." Severn continúa, "Los espartano valientes duraban horas peinándose su cabello largo antes de que ellos salieran a la batalla."[27]

Aquiles supuestamente tenía cabello tan bonito y largo que se asemejó a la valentía en las Guerras Troyanas. Hércules el hombre fuerte fue pintado teniendo el cabello largo como un toro, y Homer, el poeta épico Griego llamó a los griegos "los melenudos."[28]

"En este periodo, los hombres [decentes] civilizados, fueran los Judíos, Griegos, o Romanos, llevaron su cabello corto [y]. . . el cabello largo era una dotación permanente de una mujer, para servir como un manto para cubrir."[29] Si usted toma en cuenta el estilo de vida inmoral que se practicó por los hombres durante el día de Pablo, y el hecho que las mujeres guardaron su cabello naturalmente largo usted comprenderá de repente que el apóstol Pablo no estaba dirigiéndose a las mujeres que guardaran su cabello largo tanto como él se estaba dirigiéndo a los hombres que guardaran su cabello corto. Esto era debido al torrente de homosexualidad y las acciones afeminadas de sus ciudadanos. Según el *Diccionario de la Biblia Harper* (Harper's Bible Dictionary), declara que el cabello corto en los hombres aliviaría cualquier sospecha de afeminado u homosexualidad.[30]

Así, el apóstol estaba diciéndoles a los hermanos de la iglesia que no imitaran a los mundanos, afeminados pederastas pero que parecieran hombres santos, verdaderos de Dios, caminando en la imagen de Cristo. Al entender la cultura Griega en el tiempo de Pablo nosotros podemos obtener un cuadro más claro ahora de por qué la Escritura en 1 Corintios 11 fue escrita.

Los Padres de la Iglesia Temprana

En este capítulo histórico, la importancia de esta Escritura se revela en una luz más luminosa. Se apoya fuertemente por los hechos dados sobre los ciudadanos Corintios. ¿Pero se detuvo allí en el día de Pablo o había un forcejeo continuo que sigue a lo largo de los años para guardar el cabello de la cabeza de acuerdo con la Escritura? ¿Los Padres de la Iglesia tempranos pasaron por alto esta Escritura, o ellos también se esforzaron a guardar la longitud del cabello de cristianos en una moda piadosa?

Uno de los padres de la iglesia más temprana, Clement de Alejandría, tenía mucho que decir sobre el cabello. Él escribió en su carta, *El Instructor* (The Instructor), que los hombres no deben permitir su cabello "que cuelgue abajo de la cabeza deslizando se en los rizos femeninos." Él también enseñó que el cabello en la cabeza de un hombre "no puede crecer tan largo que interfiera con los ojos."[31] Clement continúa diciendo, "Es suficiente que las mujeres protegan su cabello, y simplemente lo aten a lo largo del cuello con un alfiler de cabello, nutriendo el cabello con el cuidado simple a la belleza verdadera."[32]

La simplicidad del cuidado de cabello era el enfoque central de Clement en la enseñanza en esta porción de su carta. Él no quería que las mujeres de ese día se esforzaran con los peinados detallados que tardaban de seis a diez horas para arreglar. "Por el plegar engañoso del cabello" él declara, "y poniéndolo en trenzas, contribuya para hacerles parecer Feas."[33] Él también procedió al decirles a las mujeres que no llevaran pelucas. No había ninguna fibra sintética durante esos días para hacer las pelucas munchas eran hechas del cabello de personas difuntas.

"Cortando el cabello," Clement declara, "y arrancando fuera esas trenzas traicioneros; ¿a causa de qué ellos no tocan su cabeza, con miedo de desordenar su cabello. . .? Pero aditamentos del cabello de otras personas será rechazado completamente, es un sacrílego que el cabello espurio cubra la cabeza y el cráneo con el cabello de un muerto."[34] Ellos pensaron que los pecados de la persona muerta permanecían en el cabello y que cuándo una mujer usaba la peluca que ella "entraría en dobles pecados." ¿Él continúa "pero a quien le pondra la mano el presbiterio? No la mujer que se arreglo, pero el cabello de otra, y a través de ellos otra cabeza."[35]

Las mujeres del tiempo de Clement llevaron las pelucas por las razones estéticas u ornamentales. Las mujeres quisieron parecer más atractivas. No había ninguna mención de mujeres que usaban las pelucas porque ellos perdieron su cabello debido a tratamientos médicos o la enfermedad seria. En nuestro día moderno algunas señoras es necesario llevar las pelucas hasta que su cabello crezca lo bastante para poderlo peinar.

El forcejeo de longitud de cabello continuó y se reflejó en las cartas de otros Padres de Nicene. Algunos Padres de la Iglesia amonestaron a sus oidores para usar las pautas de naturaleza. Tertullian (DC 160?-230?) describiendo la enseñanza de naturaleza, escribió en su carta, *La Guirnalda* (The Chaplet), "Nosotros conocemos el propio Dios en primer lugar de hecho por la enseñanza de Naturaleza, mientras llamándolo Dios de dioses, tomando en cuenta que Él es bueno, e invocándolo como Juez."[36] Él continuó:

> Es tanto contra la naturaleza querer una flor con la cabeza, como es pedir la comida con la oreja, sonido con la nariz....Es él un cuestione con usted si para el goce de Sus criaturas, La naturaleza debe ser nuestra guía, para que nosotros no seamos guiados en la dirección que el

rival de Dios ha corrompido... el apóstol dice que la [creación] también de mala gana se volvió sujeto a la vanidad, completamente privada de su carácter original, primero por vano, ¿entonces por la base, los usos injustos, e impíos?... Pero todo lo que está contra la naturaleza merece ser marcado con hierro como monstruoso entre todos los hombres; pero con nosotros será condenado también como el sacrilegio contra Dios, el Señor y Creador de la naturaleza.[37]

Tertullian afirmó que la naturaleza nos enseñará, todo lo que nosotros debemos hacer es simplemente adherir a la naturaleza y lo qué est contra la naturaleza debe aborrecerse.

En volumen diez de *El Nicene y los Padres Poste-Nicene*, San Ambrose (DC 340?-397), Obispo de Milan, dice en su carta "Deberes del Clero," que lo que está según la naturaleza es poderoso, y lo que es debe parecerse por otra parte adelante como vergonzoso. Él declara:

> Es decente vivir de acuerdo con la naturaleza, y pasar nuestro tiempo de acuerdo con él, y cualquier cosa es contrario a la naturaleza es vergonzosa... 'si un hombre tiene el cabello largo, es una vergüenza'... porque es contrario a la naturaleza... pero 'si una mujer tiene el cabello largo, es una gloria hacia ella.' Está según la naturaleza, puesto que su cabello le es un velo, un velo natural. Así, la naturaleza pone en orden para nosotros el carácter y la apariencia, y nosotros debemos observarla las direcciones. Nosotros habríamos de guardar su inocencia, y no ¡cambiar la que nosotros hemos recibido por nuestra maldad![38]

Quizás la más famosa de todas las cartas escritas durante el tiempo Nicene y Poste-Nicene la Era de los Padres era las palabras de San Jerome que vivió aproximadamente DC 340-420. Su carta a Eustochium contiene un cuadro vívido de la sociedad Romana en ese entonces. Él estaba luchando con los problemas de lujo, libertinaje, e hipocresía que eran prevalecientes entre hombres y mujeres en la iglesia. Él escribe:

> Y cuando usted entra en un cuarto lleno de hermanos y hermanas, no se siente en demasiado bajo un lugar o suplique que usted es indigno de un el escabel. No baje su voz deliberadamente como si llevara fuera con ayunar; ni, apoyándose en el hombro de otro, ni imite el andar tambaleando de uno que es débil. Algunas mujeres, desfiguran sus caras para dar la apariencia de ayunar hacia los hombres. En cuanto ellas miran a cualquiera ellas gimen, ellas miran hacia abajo; y cubren a sus caras completamente menos un ojo, que ellas guardan libre para ver. Su vestido está obscuro, sus cintos, es de harpillera, sus manos y pies están sucios; sólo su Estómago—qué no puede verse—está caliente con comida. De estos El Salmo se canta diario: 'El Señor esparcirá los huesos de ellos se que dan gusto así mismos.'
> Otros cambian su vestido y asumen el semblante de hombres, estando avergonzadas de ser lo que nacieron ser—mujeres. Ellas cortaron su cabello y no se avergüenzan parecer eunucos.[39]

San Jerome se estaba esforzándose con los convertidos romanos durante su día. Él declaró que algunas de las mujeres estaban cortando su cabello descaradamente tan corto que ellas parecían "eunucos." Sin remordimiento de conciencia, las mujeres desafiaron las leyes de Dios incluso en esos días cuando todavía era una desgracia para una mujer parecerse a un hombre. "Lo que es decente siempre debe brillar en nuestra vida," San Ambrose declaro.[40] Es "decente" o correcto que una mujer tenga apariencia femenil con su cabello largo y sin cortar. Cuando por el contrario el hombre debe parecer masculino con su cabello corto. Eliade escribe, "nosotros podemos encontrar que el cabello largo se considera apropiado al sexo hembra porque parece suave y redondeado, mientras tanto el cabello rapado es asociado con los varones porque permite aparecer la forma del cráneo, mientras dando una apariencia apropiadamente dura y angular."[41] El principio de longitud de cabello no sólo se enseña en la Palabra de Dios pero también como uno de las lecciones indispensables de la naturaleza.

La Edad Media

El forcejeo de guardar el cabello en una moda piadosa continuo a través de la edad media. En el séptimo siglo, por ejemplo, había una diferencia feroz de opinión, entre los See de Roma y la iglesia Católica de Inglaterra, Escocia, e Irlanda. El papa ganó el argumento e insistió que el uso de la navaja de afeitar fuera para los hombres "indispensable a la salvación." [42]

Los sacerdotes de Francia persistieron para amonestar a sus parros quianos masculinos guardar su cabello corto. William el Conquistador llevó a sus Normans a la Batalla de Hastings y la mayoría de sus hombres estaban afeitados limpiamente con su cabello sujetó el calzón a sus orejas. Cuando William 1, el Rey de Inglaterra derrotó a Harold a la Batalla de Hastings en 1066, él obligó a sus súbditos británicos afeitar y cortar su cabello en el acuerdo a las enseñanzas de la iglesia. Muchos cumplieron pero aquéllos que se resistieron fueron amenazados con la excomunión.

Sin embargo, Obispo Wulstan de Worcester tomó el asunto en sus propias manos llevando siempre con él un cuchillo afilado. Cuando un varón penitente melenudo se arrodillara a recibir su bendición, el Obispo sacaba su cuchillo, y le cortaba una porcion de "cabello criminal y bestial," y se lo tiraba en la cara al hombre.[43]

En 1096 el Arzobispo de Rouen proclamo que cualquiera que llevara cabello largo o una barba debía excluirse de la Iglesia, ambos antes y después de la muerte. En cambio el Rey Henry 1, en 1102, dejó de afeitar se en total y creció su cabello largo, supuestamente la razón es que había una escasez de jabón. Pero el Obispo Serlo de Seez en Normandy denunció a el Rey Henry 1 y sus hombres por esta acción. Su súplica tanto conmovió al rey que lo persuadió "para dejar que le cortara el cabello" a el y sus nobles. Cuando todo se habían cortado su cabello ellos procedieron caminar sobre el para "aplastar fuera el mal."[44]

No mucho es conocido sobre el cabello del 12 siglo al 16 salvo algunas escrituras por Albertus Magnus (1193-1280), Tipo de Chauliac (Guy de Chauliac) (1300-1370), Henri de Mondeville (1260-1320), y Arnold de Villanova (1235-1312) en los que ellos discutieron los problemas de adorno personal.[45]

Quizás muchos hombres durante estos 433 años llevaron su cabello largo. Se conoce que Rey Francis 1 de Francia en 1521, tenía corte de cabello calzón pero no fue debido a las convicciones religiosas. El rey era un bromista práctico, y una noche él quiso tener una lucha de la bola de nieve con algunos de sus caballeros. Ellos decidieron bombardear la casa del Conde Montgomery en un ataque simulado. Sin embargo, en la frivolidad alguien tiró una antorcha encendida a la cabeza del rey que lo quemó severamente. Él tuvo que ser afeitado para permitir que las heridas sanaran. Sus cortesanos mostraron su simpatía también afeitando sus cabezas. Pronto se volvió una declaración de moda en lugar de un convicción.[46]

Después de cuatrocientos años de que los hombres posiblemente llevan su cabello largo pasado de sus hombros, Rey Henry que VIII "dio un mandato por todas partes su Corte para registrar los votos de sus cabezas," según *Anales de Stow* de 1535. Para ser un ejemplo bueno del nuevo decreto el rey registró los votos de su propia cabeza. Fue dicho que Henry VIII realmente admiraba la nueva moda del Rey Francis 1 y él también se unió a las líneas reales del los de cabello corto.[47] En meramente unas décadas los nobles volvían a llevar el cabello largo. Pero la secta Puritana estaba creciendo en Inglaterra y ellos mantuvieron el principio Bíblico de cabello. Ellos no sólo creyeron que era una decadencia real pero un pecado contra Dios. William Prynne era uno de los panfletistas Puritanos más francos de su tiempo. En 1628 él publicó una denuncia de cabello largo en los hombres de sesenta y tres páginas, *El Desencanto de Cabello Amoroso* (The Unloveliness of Lovelocks).[48] Después él escribió contra los males del teatro, Histrio-Mastix (1633), como resultado el fue encarcelado y sufrió la amputación de sus orejas. Él fue encarcelado después por escrituras que causaron agitación políticamente y le marcaron con hierro en ambos mejillas.[49]

En 1653, Thomas Hall, pastor de Kingsnorton atacó el cabello largo también en los hombres escribiéndole a *Comarum, Lo aborreciblemente del Cabello Largo* (The Loathsomnesse of Long Hair); el suyo era dos veces mas largo que la disertación de Prynne.

A lo largo de los siglos 17 y 18 los nobles empezaron la moda antigua de usar pelucas que fluyeron hacía lo largo de sus espaldas. Los líderes de la iglesia, todo el rato, contendido amargamente contra él. Ellos lucharon, denunciaron, y proclamaron la Palabra de Dios contra este mal.

Gobernador John Endecott, John Elliot Misionero, y Juez Samuel Sewell fueron unos hombres que estaban de pie contra los hombres cabelludos largos y los fabricantes de peluca.[50] Pronto, sin embargo, que los hombres se olvidaron entre sí de su propia pelea del cabello largo, pelucas, y barbas para intentar detener los peinados de aspecto extranjero de las mujeres.

Las Señoras de la Edad Media

Durante siglos las señoras habían escondido su cabello modestamente de la vista del varón hasta las 1547 cuando el italiano, francés y mujeres Inglesas empezaron a resoplar su cabello con las almohadillas y alambres.

La Reina de Inglaterra e Irlanda, Elizabeth 1, reinó después de la sucesión de la católica Maria 1 (1533-1603). Ella reestableció el Protestantismo en Inglaterra.[51] Muchos creían que ella estaba calva pero en la realidad ella afeitó su cabello escaso arenoso. Ella ignoró el mandato del Corintios 11 de guardar su cabello largo y ella cubrió su cabello esquilado con pelucas que se tiñeron rojas. La reina tenía más de ochenta pelucas en estilos diferentes.

Su rival Maria 1, Reina de Escocés (1587), queriendo sobre salir a Elizabeth 1, tenía la misma cantidad o más de pelucas. En la prisión, la Reina Maria 1 cambiaba sus pelucas castañas rojizas todos los días, y a su muerte se dice que ella llevó su peluca favorita al bloque del ejecutor de la justicia.[52]

Durante algún tiempo las mujeres llevaron su cabello bastante simple pero quizás ellas inconscientemente se estaban preparando para poner la revolución de cabello en movimiento. Los peinados más ultrajantes vendrían en los finales del 17 siglo y continuarían en el 18 siglo. La señora de Pompadour, querida de Louis de Francia XV, empezó la nueva tendencia ascendente en medio siglo colocando su cabello "de cien maneras extasiando. . . los de la corte casi enloquecieron intentando imitar los tocados inimitables."[53]

Mi Cabello, Mi Gloria

Con uno el descenso súbito, los peinados de las mujeres progresaron hacia arriba hasta que "rivalizara con los Alpes." Los peinados pompadour empezaron estando rellenos, resoplado, llenó, y con el cabello natural barrido por encima de armazones de alambre. Ellas agregaron el cabello falso para hacerle todavía sobresalir más alto; a veces alcanzando casi tres pies. Artistas se mofaron, escritores ridiculizaron, y los varones furiosos escribieron las cartas enfadadas a los periódicos, pero las mujeres parecían ignorar las amenazas para gozarse en sus peinados ascendentes.

Las creaciones de cabello se describieron como "monstruosas." Medidas de áridos de lana de algodón, tiras de soga, cabello de caballo, afrecho o paja para rellenar, amontonado en almohadillas de fieltro o pelucas, con el cabello natural planteado encima de los armazones de alambre y masas de cabello falso agregadas. Entonces toda fue consolidada con una pasta que endureció, y la cáscara exterior fue engrasada y rociada con polvo, decorado con gasa, tul, perlas y joyas. Creando este tocado requería todo un día completo.[54]

Una vez la estructura fue construida se usaba en la cabeza de la señora durante dos a nueve semanas. Muchas mujeres durmieron con sus cuellos en los apoyos de madera para conservar sus "cabezas artificiales." Esto también causó la reconstrucción de algunas casas, levantar los techos y ensanchando las puertas. Aun así, las mujeres a veces tenían que entrar en los cuartos en las rodillas, y se arrodillaban en los suelos, las sillas sedán y carruajes, o con su cabeza fuera la ventana del carruaje. En el caso de Marie Antoinette, la esposa de Louis XVI, al partir a el baile en 1776, su tocado era tan alto que ella no pudiera entrar en su carruaje, y por consiguiente su tocado fue removido.[55] Esto puede haber sido debido a las diez plumas del avestruz exorbitantes que quedaron tan altas.

Debe haber sido realmente una vista para mirar. Algunas de las objeciones del crítico eran que el propio peinado empezó a llevar un olor sucio. Un escritor de la carta estaba de acuerdo con eso "atraído por mis ojos me acerqué a estas criaturas bonitas. Yo me he rechazado pronto por mi nariz y me he obligado a retirarme a una distan- cia respetuosa."[56] Cuando era tiempo para quitar el cabello ellas estaban sorprendidas de lo que se arrastró fuera. Un informe explicó el descubrimiento de un nido de ratones, y otro dijo que cuando el cabello de una señora se abrió a los enjambres de "animaladas" estaba corriendo alrededor.

Peinados del Siglo 18

Ningún periodo produjo tales despilfarrro prepósteros y grotescos de cabello como el siglo 18."[57] El ejemplo mas absurdo de extemismo fue el de Madame de Lauzon. Ella llevó un tocado enormemente alto de cabello y cabello artificial. Encima de la estructura se planearon patos que nadan en un mar tormentoso, escenas de cazar y disparar, un molino con la esposa de un molinero que coquetea con un sacerdote, y el molinero que lleva un burro por su cabestro.

El problema con estos tipos de peinados exuberantes era que después de que la novedad se desgastó era pronto común. Siempre había alguien el quería reemplazarlo con un peinado aun más detallado. Como la disputa entre los hombres estaba distraído por la extravagancia de los peinados de las mujeres ellos se pusieron muy francos contra la conducta inmoderada de las mujeres. Su argumento no era tanto por las razones higiénicas tanto cuando ellos dijeron que era "inmoral." Philip Stubbes en su escritura, *El Anatomie de Abusos* (The Anatomie of Abuses), atacó la moda de las mujeres de Elizabethan:

> Asi como considerando que su cabello se los dio como una señal de sometimiento, y por consiguiente les ordenaron que acariciaran el mismo, ahora ellas le han hecho un ornamento de orgullo, y la destrucción a ellas para siempre, exceptúe ellas se arrepientan.[58]

Los peinados empezaron a descender durante la Era Victoriana. Había aquéllos, principalmente el rico, ese todavía compró el cabello falso para llevar en los peinados del moño. La mayoría del cabello se importó de Londres que después se volvió un negocio muy lucrativo.

Algunos peinados de la Era Victoriana más tardese parecen a los peinados de señoras de santidad de Pentecostés de hoy.

Notas Finales

1. *New Student Bible*, notes by Philip Yancey and Tim Staffard (Grand Rapids: Zondervan, 1986), 1020
2. Ibid.
3. Donald Webster Cory, *Homosexuality: A Cross Cultural Approach* (New York: Julian Press, 1956), 292
4. Dr. Fernando Henriques, MA, *Prostitution and Society* (New York: The Citadel Press, 1962), 47
5. Oscar Broneer, "Corinth Center of St. Paul's Missionary Work in Greece," *Biblical Archaeologist*, vol. 14 (1951), 88
6. Vern Bullough and Bonnie Bullough, *Women and Prostitution: A Social History* (Buffalo: Prometheus Books, 1987), 39.
7. Henriques, 47.
8. Bullough and Bullough, 36.
9. Henriques, 49.
10. *Jerome Biblical Commentary*, 270.
11. James M. Freeman, 198.
12. Ibid.
13. Cory, 351.
14. Ibid., 295.
15. Ibid., 304
16. Ibid., 277.
17. Ibid., 309.
18. Robert Flaceliere, *Daily Life in Greece at the Time of Pericles* (New York: MacMillan Company, 1968), 74
19. Cory, 288.
20. Douglas, "Prostitution," vol. 3, 1289.
21. Henriques, 48.
22. Cory, 298
23. Ibid., 274.
24. Bullough and Bullough, 36. 25. Chuck Snyder, "A Word from Chuck," *Men: Some Assembly Required* (Colorado Springs: Focus on the Family, 1995)
26. Margaret E. Thrall, *The First and Second Letters of Paul to the Corinthians* (Cambridge: University Press, 1965), 81
27. Severn, 24. 28. Ibid.
29. Robertson and Plummer, 235.
30. Paul J. Achtemeier (ed.), *Harper's Bible Dictionary* (San Francisco: Harper & Row, 1985), 1183. 31. Clement of Alexandria, "The

Instructor," *Ante-Nicene Fathers*, Alexander Roberts and James Donaldson (eds. and trans.), vol. 2 (Grand Rapids: Eerdmans, rpt. 1971), 286.
32. Ibid.
33. Ibid.
34. Ibid.
35. Ibid. 36. Tertullian, "The Chaplet," *Ante-Nicene Fathers*, Roberts and Donaldson (eds. and trans.), vol. 3 (Grand Rapids: Eerdmans, rpt. 1971), 96
37. Ibid.
38. St. Ambrose, "Duties of the Clergy," *The Nicene and Post-Nicene Fathers*, 2nd series, Philip Schaff and Henry Wace (eds. and trans.), vol. 10 (Grand Rapids: Eerdmans, 1954), 3739 St. Jerome, "Letter to Eustochium," *The Nicene and Post-Nicene Fathers*, 2nd series, Schaff and Wace (eds. and trans.), vol. 12 (Grand Rapids: Eerdmans, 1954), 34
40. St. Ambrose, 38.
41. Eliade, 154. 42. Cooper, 102.
43. Severn, 32.
44. Severn, 33, and Cooper, 102.
45. Goodman, 267. 46. Severn, 34.
47. Ibid.
48. Ibid., 40.
49. "William Prynne," *American Heritage Dictionary*, CD-ROM
50. Severn 50-53.
51. "Mary I, Queen of Scots," *American Heritage Dictionary*. 52. Severn, 38.
53. Ibid., 67.
54. Ibid., 68.
55. Cooper, 95.
56. Severn, 68.
57. Cooper, 95.
58. Severn, 37-38.

5 - El Declive de América Religiosa

El portavoz de viaje, instructor, y autor, Josh McDowell, una vez dijo, "la Historia nos muestra que cuando una generación no sabe 'por qué' ellos creen lo que creen, sus convicciones están en el peligro de zaparse." Nosotros no podemos fallar de decir le a nuestra generación "por qué" las mujeres que estan consagradas a Dios no se cortan el cabello. Sin embargo, raramente se explican las leyes espirituales de Dios en dos o tres declaraciones como las leyes carnales, físicas del hombre.

Para conseguir un entender más claros del "por qué" nosotros devolveremos una mirada primero a "cómo" el corte de cabello ocurrió en nuestra historia. Nosotros examinaremos algunas preguntas provocadoras: ¿Habría un tiempo que el cabello largo en las señoras era la norma cotidiana? ¿Cuándo empezaron las señoras a cortar su cabello? ¿Quién fue el que empezó la tendencia de cabello corto? ¿Y qué efecto tuvo esto en nuestra nación por completo?

Una Mirada Atrás

Hace "cien años," dice Segraves, "el insistir que el cabello de la mujer era su gloria no se habría pensado extraño en cualquier parte en la Cristiandad, sin tener en cuenta la afiliación sectaria de la persona o la falta de afiliación sectaria."[1] Las mujeres por todas partes, en la iglesia o no, guardaban su cabello largo y sin cortar. En varios libros en la historia de la nación, uno puede leer que el cabello en la cabeza de una señora se consideró su "gloria de coronamiento."

Simplemente al mirar en cualquier enciclopedia bajo el tema del "cabello" nosotros podemos localizar la tendencia de cortar el cabello fácilmente al la vuelta del siglo 20. Cuando nosotros miramos a través de un siglo de la historia de nuestra nación nosotros prontamente observamos la degeneración de santidad.

De década a década hasta este día y edad en que nosotros estamos viviendo, las morales de nuestra nación han venido a estar casi extintas. Según los *Libros de Vida Time* (Time Life Books) en su volumen del preludio, *Este Siglo 1870-1900 Fabuloso*, "En una América aun religiosa, ella [la mujer] consideró la enseñanza del Nuevo Testamento que 'si una mujer tiene el cabello largo, era una gloria para ella'; ella nunca lo cortó, pero en este periodo de estrictez, ella no lo permitió suelto o caído desherrada a su cintura. Al contrario, ella lo amontonó en su cabeza en 1870, lo colocó en los rizos en 1880, y lo formó para idear su cara en 1890."[2]

Las Mujeres Victorianas

La muerte de Reina Victoria en 1901 trajo a su fin a la cultura dispuesta noble. Su sentido de deber y el código moral estricto tenían una gran influencia en el siglo 19 en Gran Bretaña así como América. Predicando en una iglesia un día, Reverendo Lee Stoneking en su cinta "Por qué debemos nosotros tener reavivamiento" (Why must we have revival) declarado "La Reina Victoria fue la más gran monarca reinando en toda la historia de Inglaterra. Ella era una mujer profundamente religiosaque amó mucho a Jesúcristo.

Ella creyó en Jesús tanto que ella quería que Él volviera durante su reino terrenal para que ella pudiera quitarse su corona y podría ponerla a Sus pies. Hay una pintura en la Galería Nacional que muestra a la reina y muchos otros monarcas de su día poniendo sus coronas a los pies de Jesús."[3] Sin embargo, toda la influencia de santidad de la reina cambio pronto después de su muerte.

Algunos sentían que ahora que la reina estaba muerta que ellos porían confrontar las normas altas que fueron fijas en movimiento durante sus 64 años de reinar. Después de todo, su sucesor, Edwardo VII había adquirido una reputación como un playboy. Aunque su reino solo duro nueve cortos años, la sociedad desafió los códigos morales. No sólo hubo cambios tecnológicamente pero también había cambios en los morales de la nación.

Simplemente poco antes de la vuelta del siglo, nuestra tierra fue conocida como la "nación en movimiento." Un artículo que corrió en el *Heraldo de Nueva York* (New York Herald), el 1 de enero de 1876, los archivos "Los últimos cien años han sido los más fructífero y el periodo más glorioso de longitud igual en la historia de la raza humana. . . . Nosotros estamos entrando en un año que será memorable en nuestros anales."[4]

La nación estaba disfrutando las condiciones estimulantes de vida, sobre todo los sentimientos de la celebración en 1876, que fue el centésimo año del fundamento de está nación. Simplemente seis años antes, en 1869, la realización del ferrocarril dio otro sentir de satisfacción y de realización a la nación. De muchas maneras trajo sanidad al país golpeado por la guerra. Pronto muchas personas, mercancía, e ideas empezaron a viajar de costa a costa. Una jornada traicionera de un mes por vagón o bordo se volvió un viaje de placer de siete días por el tren.

Nuestra nación estaba viviendo bajo la cubierta de gracia que Dios puso tan generosamente en él. Las personas corrían el riesgo de perder su asimiento en las persecuciones espirituales con todo su crecimiento técnico y sus logros. La Biblia dice en Tito 2:11-13, *Porque la gracia de Dios se ha manifestado para salvación a todos los hombres, enseñándonos que, renunciando a la impiedad de los deseos mundanos, vivamos en este siglo, justa y piadosamente, aguardando la esperanza bienaventurada y la manifestación glorioso de nuestro gran Dios y Salvador Jesucristo.*

Los ojos de América empezaron a irse fuera del venir pronto del Señor. Su resistencia a la impiedad y las lujurias mundanas empezó a desistir durante las próximas décadas.

Las Primeras Décadas

Para el tiempo del siglo 20, la mayoría de los americanos se sentían optimistas y seguros de sí mismos a un extremo tal que ellos no esperaban meramente lo mejor, pero ellos esperaban totalmente lo mejor. Así, esta edad fue conocida como la "Era Presumida" (Cocksure Era). La primera década ganó varios títulos adicionales—la Edad de Optimismo, la Edad de Confianza, y la Edad de Inocencia. "La determinación de crecer estaba escrito en grande por todas partes, y crecer sin importar a precio de quien o cuánto," dice a Henry James, en el libro, *Este Siglo Fabuloso 1900-1910* (This Fabulous Century 1900-1910).[5]

La tecnología estaba a lo más alto. El teléfono, la máquina de escribir, los segadores todos estaban funcionando. El catálogo de Sears y Roebuck se volvió el libro del deseo de cada mujer. Muchas señoras consiguieron los nuevos artículos innovados para hacer sus quehaceres domésticos con menos trabajo.

Para el año 1900, ocho mil ciudadanos poseyeron el automóvil recientemente inventado. En muy poco tiempo la mayoría de América se involucró con la manía auto actual y para el año 1906, la novedad del auto se volvió una afición. En 1908 Henry Ford produjo su primero Model T y para año 1909 diez mil personas ya poseían su nuevo juego de ruedas. De hecho, los americanos estaban de camino con la cultura movible. Historiador Ralph Andrist declarado en su libro, el *Siglo Americano: Cien Años de Estilos de Vida Cambiantes en América* (American Century: One Hundred Years of Changing Life Styles in America), "El automóvil era el agente principal de destrucción de el estilo de vida tolerante."[6]

Éste era el punto giratorio que el declive de espiritualidad en América había empezado. Despacio nuestro país estaba empezando a dejar su amor por Dios y amar las cosas de este mundo. La sensibilidad a Su Palabra fue frustrada pronto. Las morales fuertes y maneras que América una vez conoció se fueron de manada con el automóvil en lugar de familias que estánban en la iglesia el Domingo para oír la Palabra de Dios, muchos fueron tentados para seguir los caminos hacia la casa del teatro. El libro de Santiago 4:4 cuatela que el *¿No sabéis que la amistad del mundo es enemistad contra Dios? Cualquiera, pues, que quiera ser amigo del mundo, se constituye enemigo de Dios.*

Para la segunda década muchas personas estaban poniéndose inquietas. "América está en un periodo de clamor, de desconcierto, de una inquietud casi trémula. Nosotros estamos repasando todas nuestras concepciones sociales apresuradamente. Nosotros estamos profundamente desencantados," dice Walter Weyl en *La Nueva Democracia*" (The New Democracy), 1912.[7] Aunque el crecimiento económico había triplicado con muchos disfrutando la riqueza de la "vida buena," la atmósfera de la nación estaba llena de descontento y fermentando intensamente. El Reverendo James K. Thompson de Muskogee, Oklahoma, el 28 de Junio de 1914, clamó en su sermón "¿Adonde estamos Nosotros Flotando?" (Whither Are We Drifting?) Sobre varios cambios.[8] Era el tema usado por muchos predicadores pero nadie parecía saber la respuesta.

Aquéllos que simbolizaban los principios Bíblicos podrían darse cuenta que muchas personas se habían caída fuera de las verdades espirituales. Yo puedo oír el lamento del apóstol Pablo en Colosenses 2:8 está advirtiendo, ***Mirad que nadie os engañe por medio de filosofías y huecas sutilezas, según las tradiciones de los hombres, conforme a los rudimentos del mundo, y no según Cristo.***

¡Numerosos cambios estaban pasando por nuestra nación a una velocidad torrente! Los obreros encendieron no menos de 2,094 huelgas y cerraduras de companias (lockouts). Muchos otros demostradores militantes estaban haciendo campaña para causas que parecían radicales durante ese día. Para nombrar unos: la semana de trabajo de seis días, el sufragio de la mujer, el mando del nacimiento, el avance para los de color, la educación progresiva, la prohibición, y la mas alarmante de todas, un millón de socialistas estaban exigiendo el derrocamiento de capitalism.[9] Todos los ciudadanos estaban clamando para el cambio.

Aunque la Primera Guerra Mundial había empezado durante este tiempo en Europa 1914, América no se involucró hasta la declaración de guerra por el Presidente Woodrow Wilson contra Alemania el 2 de Abril de 1917. Esto provocó los cambios más grandes en las vidas de mujeres Americanas. La guerra presentó oportunidades frescas a las mujeres para emplear sus talentos y habilidades. En realidad, sin embargo, ellas quedaron sin ninguna opción solo la de ayudar y apoyar a sus "niños" (doughboys). Las mujeres tenían que dejar sus casas para trabajar mientras los hombres se marcharon a una tierra extranjera para luchar en la guerra.

América varón-dominada se confrontó de repente con el espectáculo de mujeres auto mecánicas, mensajeros del telégrafo, operadores del ascensor, ensambladores de la bomba y conductores del tranvía. Muchas mujeres se esforzaron en las fábricas, llevando hielo, arados en el campo, y policías de tráfico. Unos 11,000 soldados de caballería hembras alistaron en la Armada-Marina de guerra para el deber de la costa. Doscientas sesenta y nueve señoras fueron empleadas y taquígrafas en el Corps Marino.[10]

Después de la Guerra

Cuando la guerra había acabado el 11 de Noviembre de 1918, las mujeres de América demostraron que ellas eran obreras competentes. ¡Sin embargo cuando todas las celebraciones habían terminado y el polvo era fijo, los tipos esperaban que las mujeres corrieran a sus casas y se quedaran allí! Muchos se habían olvidado que fue el compromiso total por las mujeres y niños durante la guerra que impidió el número de accidentes alcanzar una cantidad exorbitante que se guardó bajo trece por ciento.[11]

No era fácil devolver al mismo estilo de vida que tenían antes de la guerra. Nada podría ser igual después de ser manchado por una Guerra Mundial. Las mujeres sentían el mismo orgullo como los hombres por tomar una parte en la victoria sobre el enemigo. Sin embargo, pronto, América regresó a sus maneras de preocupación por pequeñeces internas y confusión. Demostradores marcharon por las calles y rivalizaron por el cambio.

En medio de todo este tumulto, las señoras estaban empujando por su propia aprobación. Los profesores Divine, Breen, Fredickson, y Williams nos recuerdan en su libro, *América Pasado y Presenta* (America Past and Present), que simplemente cien años antes Abigail Adams animó a su marido, John, cuando él fue adelante así a la apertura del Congreso Continental, "yo deseo que tu te Recuerdes de las Señoras, y seas más generoso y favorable a ellas que nuestros antepasados. No pongas tanto poder ilimitado en las manos de los Maridos."[12]

A este tiempo en los 1770, violencia doméstica era una ocurrencia cotidiana para algunos. Se trataron las mujeres como la propiedad de sus maridos y a menudo vindicaron las palizas severas. Hasta las 1773, las mujeres no podrían obtener su libertad con éxito de la tiranía demandando el divorcio. Señora Adams declaró que si se negaran los derechos a las mujeres, una rebelión fomentaría. Ella dijo correcto, porque en simplemente cien veinticinco años, quince mil mujeres se reunieron en las calles de sus ciudades. Y el 4 de Junio de 1919, se les concedio el derecho de votar. Quizás, si los autores de la Declaración de Independencia hubieran considerado lo que esta primera señora estaba advirtiendo, el mal necesario de feminismo nunca podría haber tomado raíz.[13]

Algunas personas no estaban contentas con el Congreso que paso la Enmendadura 19 de la Constitución mientras otros fueron estremecidos, como el candidato Democrático para Presidente, James Cox. Él saltó a la perspectiva de recibir 26 millones de votos extras de las mujeres.[14]

"Nosotros tomamos este privilegio de la votación por concedió," dice Maggie Pexton Murray en su libro, los *Estilos Cambiantes en Moda—quién, qué, por qué* (Changing Styles in Fashion—Who, What, Why), "pero en el tiempo de nuestra abuela, las mujeres no votaban. No les permitieron. Este forcejeo para la libertad, el derecho para trabajar, el derecho para dejar la casa, el derecho para votar, dejo su marca en la moda."[15] No sólo la moda fue efectuada pero también las próximas tendencias y estilos de cabello.

1920, Década de Decadencia

Al giro de 1920, la sociedad estaba a punto de hacer un salto quántum en el hoyo de rebelión. La rebelión era contra Dios y Sus ordenanzas Santas. Un espíritu de frivolidad asió nuestro país. El materialismo floreció como una rama salvaje, cuando el país estaba gastando sus sueldos en todo de automóviles a máquinas de lavar.

Con toda la nueva tecnología, las mujeres estaban poniéndose más visibles como sus que haceres de la casa estaban poniéndose más y más fácil. Ellas podrían hacer las cosas más rápidamente y ellas tenían más tiempo para hacer otras actividades.

¿Exactamente qué estaba pasando para influir la estameña de desafío? Muchos creen que la moda de mujeres al cortar (bobbing) su cabello [cortándolo en cortocircuito] fue causado directamente por el "Movimiento Feminista" y fue singularizado como "mujeres exigentes que empujan por la igualdad." Pero cuando usted lea más allá, usted encontrará que había más al feminista antes de cortar su identidad.

Esta década de los años '20 se volvió la era conocida como la "Primera Rebelión de Juventud." Le llovió al país como un diluvio. La juventud se estaba reventando de energía y quería la libertad de la autoridad de la generación más vieja.

Las morales estaban sufriendo una revolución también. Las teorías del sexo de Sigmund Freud se volvieron una charla de la casa común. Su psicología impía estaba reemplazando los principios Bíblicos. Cada vez más y más muchachos estaban poseyendo automóviles y estaban estacionándolos en los caminos oscuros para "besarse" con sus novias. Así, la llamada por la alegría y diversión era más ruidosa que el lamento por la decencia.

El jazz era la música lozana. Ellos estaban saliendo con todos tipos de movimientos de baile nuevos. Las nuevas manías del baile como el Charlestón, Turkey Trot, y el Bunny Hug cogieron el sostenimiento de muchos, incluso de los "ciudadanos" respetables. Estos bailes reunieron las mejillas de los hombres y las mujeres, y el muslo al muslo. La mayoría de las mujeres bailarines se conocían como "Flappers."

Jugando, bebiendo, y fumando estaban a lo más alto de su tiempo. La prohibición en 1920 no podría detener el diluvio de bebedores de whisky y bebedores de ginebra en las bañeras. Las tabernas clandestinas estaban saltando en todas las ciudades grandes. Las drogas ilegales lentamente estaban poniéndose disponibles en las calles.

Los cines silenciosos se volvieron el pasa tiempo favorito de América. Entonces la nueva novedad se volvió "el cuadro hablador."

Las personas Jóvenes copiarían muchas modas ultrajantes que Hollywood habría echado fuera.

El renacimiento de grupos de odio como el Ku Klux Klan demostró su fuerza cuando 40,000 hombres marcharon delante de la capital de la nación. La corriente de racismo estaba entrando rápidamente.

    Todas estas influencias externas le hicieron el tiempo más oportuno para que las mujeres cambiaran su imagen del estereotipo actual. Sin embargo, el derecho para votar y el nuevo sentido de libertad se les fue a las cabezas de las mujeres. Ellos tenían un entusiasmo equivocado. Ellas quisieron hacer las cosas varoniles, es decir, cosas que se pensaba que sólo eran apropiadas para los hombres.

    Las mujeres demostraron que ellas podrían hacer trabajos y tener responsabilidad durante y después de la guerra por eso ellas estaban empujando para ser valoradas igual que los hombres. En realidad, ellas estaban queriendo la libertad para hacer las cosas que se conocian para los hombres y disfrutar haciendolo libremente. . . sin importar que tan pecaminoso eran. Fumando, bebiendo, y jugando, o tomando las drogas sea por un hombre o una mujer aun es pecado en los ojos de Dios.

    Las mujeres de los 1920 fueron demasiado lejos queriendo su aprobación. Ellos llevaron su rebelión al extremismo. Ellas estaban intentando hacer "hombres" de si mismas realmente. Es de acuerdo querer un trabajo, querer la aprobación, o tomar una parte en la sociedad, pero cuando usted tiene que transgredir las leyes de Dios para llegar allí, eso es cuando usted entra en el territorio peligroso con la violación a la Escritura. Jesús nos recuerda este principio en Marcos 8:36, ***Porque ¿qué aprovechará al hombre, si ganare todo el mundo, y perdiere su alma?***

Notas Finales

1. Segraves, 50.
2. Hedley Donovan (ed.), *This Fabulous Century 1870-1900*, prelude (New York: Time-Life Books, 1970), 190
3. Lee Stoneking, "Why we must have revival," 14 November, 1985, tape
4. Donovan, 25.
5. Maitland A. Edley (ed.), *This Fabulous Century 1900-1910*, vol. 1 (New York: Time-Life Books, 1969), 29
6. Ralph Andrist, *American Century: One Hundred Years of Changing*
7. Edley, "The New Democracy," vol. 2, 23.
8. Ibid.
9. Ibid.
10. Ibid., 219.
11. Thomas B. Allen (ed.), *We Americans: A Volume in the Story of Man Library* (Washington, DC: National Geographic Society, 1975), 383.
12. Robert A. Divine, T. H. Breen, George M. Fredrickson, and R. Hall Williams, *America Past and Present* (Glenview: Scott, Foresman and Company, 1984), 155
13. Mary Cable, *American Manners and Morals* (New York: American Heritage Publishing, 1969), 264
14. Edley, 48.
15. Maggie Pexton Murray, *Changing Styles in Fashion: Who, What, Why* (New York: Fairchild Publications, 1989), 103.

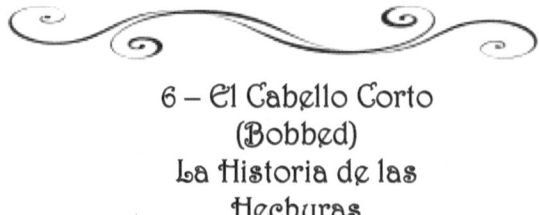

6 - El Cabello Corto (Bobbed) La Historia de las Hechuras

La cuña de rebelión se manejó a través de la inmoralidad para separar las fundaciones piadosas que se habían establecido por muchas generaciones. Quizá la generación antes de esta no le dijo su juventud "por qué" ellos creyeron lo que ellos creyeron. Ellos vieron el cabello largo de la mujer como nada más que una tradición de su cultura, una enseñanza de una "iglesia," pero no una Verdad Bíblica pura por la cual debían vivir. Por consiguiente, sin la fundación sólida en la Palabra de Dios, la generación de los '20's dio volteretas así abajo espiritualmente al suelo. Si cualquier mujer Americana hubiera sabido las leyes de Dios, ellas las desatendieron intencionalmente para seguir la moda de la moderna, Irene Castle.

La Tendencia de Cabello Corto (Bobbed)

Irene Foote nació en Nuevo Rochelle, Nueva York, el 7 de Abril de 1893. A la edad de siete la enviaron al Convento Episcopal de Santa María en Peekskill, Nueva York, y después asistió al Seminario de Parque Nacional (National Park Seminary) cerca de Washington, DC. A pesar de las reservaciones de su padre ella se casó con su compañero del baile Vernon Castle en 1911.

Ellos navegaron a Francia en 1912 alli fue donde una oportunidad y compromiso en un Café de París los llevó afamar. En medio de los giras nacionales en América, los Castles abrieron algunas escuelas de baile y salas de fiestas y escribieron un libro de texto de salón de baile, la *Danza Moderna* (Modern Dancing) que se publicó en 1914.¹

Ella empezó a llevar las faldas de baile de longitud al tobillo que no eran aceptable en esos días cuando las faldas de baile se usaban de longitud al suelo. "Irene Castle era la bailarína de salón de baile más famosa de su tiempo," dice Lois Decker O'Neill en su libro, *el Libro de las Mujeres de Archivos Mundiales y Logros* (The Women's Book of World Records and Achievements).² A la edad de 22, en 1915 Castle sentía que ella necesitaba cortar (bob) su cabello corto para la conveniencia y libertad que tendría al bailar.

Según Richard Corson en su libro, *Moda del Cabello: Los Primeros Cinco Mil Años* (Fashion in Hair: The First Five Thousand Years), Irene Castle entró a un cuarto pequeño dónde el peluquero Signor Pierro Raspanti "presidió sobre las mesas de la manicura y y peluquería en una tienda en Nueva York. Ella exigió un corte de cabello estilo de corte (bobbed). . . diciendo, 'Diez años de ahora, marque mi palabra, la mitad de las mujeres llevarán su cabello corto.'. . . Que boga fue empezada que ha excedido lejos la profecía de su originador."³

Ella tiró las horquillas para introducir la venda de cabeza para sostener sus "hábitos Castle" en su lugar. Gradualmente su nuevo peinado "Eton Crop" que originó en *París* estaba poniéndose popular en América pero realmente no chispeó en llamas hasta 1923 cuando Lilly Dache vendió una nueva forma de sombrero en su tienda para ir con el nuevo corte (bobbed) de cabello.⁴

Era simplemente un palmo corto de

Irene Castle y esposo

Mi Cabello, Mi Gloria

tres años después de que Irene Castle cortó su cabello que su matrimonio de luna de miel se acabó en una caída de avión. La muerte súbita de su marido en 1918 dejo a Irene en devastación. Su segundo matrimonio duró sólo cuatro años para acabar en el divorcio y en 1933 su carrera de representación estaba llegando a su fin. Su tercer matrimonio no fue mejor que el anterior ella tuvo que soportar varios años de conflicto. En 1937 ella terminó viviendo en residencias separadas y operó su propio refugio para animales.[5]

El Cabello Corto (Bobbed) se Vuelve las Noticias Nacionales

Durante los años '20s, ningún problema nacional despertó a sus ciudadanos así como el del cabello corto (bobbed). Un bibliotecario en la Universidad de San José del Estado de California (San Jose State University) que me ayudó a investigar a través de los archivos comentó que el problema de cabello corto (bobbed) debe haber estado como el caso de O. J. Simpson de los años '20s. "No ha habido un periódico imprimido durante los últimos dos años. . . que no ha llevado alguna clase de historia pequeña. . . sobre el cabello de mujeres. . . . Era la gloria coronanda de una mujer, pero ahora es sólo cabello," dice Marian Spitzer en su artículo, "Al Principio la Gloria de Coronamiento" (The Erstwhile Crowning Glory) imprimió en *El Poste del Sábado* en la Tarde (The Saturday Evening Post), el 27 de Junio de 1925.[6]

Algunos de los artículos que yo encontré fueron escritos en la contestación a la nueva tendencia de cabello corto (bobbed) y son: "¿Su Cabello Revela Su Carácter?" pu blicado por *Popular Mechanics*

Mi Cabello, Mi Gloria

en Junio de 1926; "CABELLO—La Gloria de mujer y la Desesperación de Hombre" por *Hygeia* (la revista de salud) en Julio de 1927, "Algunos Hechos Calvos," *Hygeia* (la revista de salud) en Octubre de 1927; "El cabello," *America Científico* (Scientific American), en Noviembre de 1927; "Los Nuevos Hechos Sorprendentes sobre el Cabello," *Ciencia Y Descubrimiento* (Science and Discovery), en Abril de 1925.

Había varios más artículos escritos pero yo no pude conseguir los. Algunos de los títulos me parecían interesantes. "El cabello, La Pregunta Creciente," el *Ocaso* (Sunset), en Abril de 1928; "¿Qué Precio Su Coronamiento y Gloria?" el *Ocaso* (Sunset), en Junio de 1925; "Los Efectos Económicos del cabello corto," el *Compendio Literario* (Literary Digest), en Septiembre de 1926; "Si Usted está Permitiéndole Crecer," la *Revisión Pictórica* (Pictorial Review), en Abril de 1928; "El Cabello superfluo," el *Gobierno de la Casa Bueno* (Good Housekeeping), en Marzo de 1925; "Los problemas con el Cabello Corto (bobbed)," *Gobierno de la Casa Bueno* (Good Housekeeping), en Octubre de 1927; "Su Personalidad y el Menear (bob)," *Delineator*, en Noviembre de 1927.

Muchos artículos fueron escritos en la defensa del peinado corto (bobbed) como "¿Por Favor Puedo Cortar Mi Cabello?" fue escrito por Mary Pickford y se publicó en la *Revista de Libertad* (Liberty Magazine) en Abril de 1927. A lo largo de su artículo ella escribe como si ella está buscando la aprobación para menear su cabello. Pickford lucha con la pregunta cortar o no cortar.

María Pickford

En una frase ella dice que una mujer parece más inteligente con su cabello corto, entonces en otra frase ella dice que es afeitó o rasurar y que los cuellos son "terribles y ellos se llevan todo el encanto y feminidad de la mujer más atractiva." Ella declara que cuando ella menciona su deseo de cortar su cabello estilo corte (bobbed) que ella recibe un "diluvio de crítica, de reprobación apacible a una denuncia violenta de su familia, su sirvienta, y sus entusiastas. Si yo lo hago todos se apenarían y se asustarían."[7]

Ella continúa expresando en todos los argumentos para y contra el cabello corto, ella no puede entender por qué hay tanto alboroto por todas partes. "Salvo el sentimiento y tradición, yo no puedo pensar en un solo argumento a favor del cabello largo. Muchos se excitan con la idea del sacrilegio de destruir los ídolos viejos, y deplorando la pérdida de el 'coronando de gloria de la mujer.' "[8]

Pickford declara que el cabello corto es "para el consuelo y conveniencia y todos los argumentos favorecen el cabello corto." Con un esfuerzo para restaurar encanto y admiración del cabello corto, Pickford escribe "yo todavía no me he encontrado a la mujer que ha disfrutado la libertad y consuelo de cabello corto que ha querido devolver a las horquillas y todas las molestias de cabello largo."[9] Nada se mencionó en su artículo sobre lo que la Biblia dice del cabello de una mujer. La mayoría de las mujeres que cortan su cabello hoy día realmente no saben lo que 1 Corintios 11:6, 14, 15 enseña. Como Pickford, las mujeres en los años '90s dicen que es para la conveniencia y consuelo.

La moda no era el caso en los países Asiáticos durante los años '20s; sin embargo, era una esquema que hace dinero. En la sección editorial de *Compendio Americano Científico* (Scientific American Digest) de 1927, informó que "cabello humano importado de China ha estado aumentando firmemente desde el principio del año. En los embarques de Enero había 21,334 libras. En Abril, ellos tenían más de doble; 59,438 libras valoraron a 20,110 dólares."[10] El artículo no declaró lo que ellos planearon hacer con el cabello pero mi suposición es que ellos van a hacer pelucas.

Según Kirstin Olsen, el autor de *Cronología de la Historia de Mujeres* (Chronology of Women's History), "El gobierno Coreano empezó a contratar a sus mujeres por la primera vez en la Era Moderna. Varias mujeres jóvenes que tomaron los trabajos a la menta real decidieron cortar su cabello largo como una señal de independencia."[11]

Mi Cabello, Mi Gloria

Spitzer más temprano en el primer artículo yo mencioné discutió contra el cabello corto de mujeres. "No hay nada que parece tan desaliñado y roto como el cabello corto (bobbed). Constantemente debe arreglarse." Ella ofrece algunas razones por qué las mujeres continúan cortando su cabello en los años '20s, "hay muchas mujeres que nunca le permitirán a su cabello crecen de nuevo; algunos porque ellas no quieren y otros porque ellas no pueden pasar de algún modo por el periodo de prueba cuando no esta largo ni corto, y quién, con las más firmes intenciones para permitirle crecer, siempre lo tijeretea de nuevo cuando consigue crecer sobre los hombros."[12]

Spitzer declara que ella nota que muchas de estas mismas mujeres sienten remordimiento despues de cortar su cabello. "Definitivamente hay entre estas mujeres una necesidad que ha empezado a manifestarse. La mejor razón dada por una mujer de no cortar su cabello es porque si su cabello es corto usted no puede bajarlo, a las mujeres les gusta bajar su cabello." Ella explica es parte de la feminidad de una mujer estar jugando con su cabello largo. "No hay una mujer probablemente en el mundo que no se ha sentado en algún momento esclavizada delante de su espejo, mientras experimentando con su cabello, probando nuevas maneras de arreglarlo."[13]

Con algunas señoras no era la rebelión feminista que les causó cortar su cabello sino una llanura, el deseo anticuado de tener un nuevo peinado. Así, algunas saltaron a la oportunidad de conseguir un nuevo "peinado." "Una de las razones por las cuales las muchas y mujeres cortaron su cabello en el primer lugar fue la curiosidad. Pero después de la novedad no hay mucho que usted puede hacer con él cabello corto."[14] De nuevo en este artículo no había ninguna mención de "lo Qué os dice la la Palabra de Dios." Esta generación no tení ningun conocimiento del principio Espiritual encontrado en 1 Corintios 11:14, 15 así como las últimas décadas.

En la primavera de 1925, Julia Hoyt escribió "ciertamente empieza a parecer como si 'la corona de gloria de la mujer' pronto va a ser una reliquia del pasado. Yo puedo imaginarme que unos cincuenta o cien años de ahora, las pinturas y fotografías de mujeres con cabello largofluido o con peinados complicados y magníficos, se exhibirán como interesantes, divertidos y curiosos.[15]

En el *Periódico de Casa de Señoras* (Ladies' Home Journal), en Marzo de 1927, Ann Harding declaró en su artículo, "Su Gloria de Coronamiento" (Your Crowning Glory), "El cambio más radical en el traje de mujeres ha sido el cambio en el estilo de cabello. . . . El cabello realmente es la gloria de coronamiento de una mujer. Ilumina a su persona, idea su cara, hace un halo alrededor de ella. No importa cómo ella lo plancha con máquina, o lo maltrata, no importa si ella corta la mayoría de él, su cabello aun sigue siendo el artículo más contundente de su apariencia. . . . Por lo menos con el cabello largo usted tiene la variedad, Pero la variedad es difícil de lograr con el cabello corto (bobbed). Y ahora el cabello corto es considerado elegante. También es el símbolo de la libertad de mujeres. Pero cortarme el cabello no me hará libre. Eso no es tan simple."[16]

La Desgracia de Señoras, el Deleite de Barberos

En Enero de 1923, *el Periódico de los Barberos* (Barbers' Journal) emitió el último informe en el peinado corto (bobbed). Era, ellos dieron, como "esquilar todo el cabello largo bonito dorado, bronce, y negro. Las mujeres jovenes y hasta la fascinación, fatal cuarenta estan derramando su gloria respetada de cabello largo delicado y ondeantes rizos en los cestos de la tienda de belleza y en el linóleo brillante de la peluquería es una gran lastima."[17]

"La ira del tijeretazo de cerca está peor que nunca, y pronto, si ningún acto indignado de providencia interviene, las masas de lustrosas trenzas femeninas suaves, tanto admiradas del hombre desde el tiempo del mono se veráexclusivamente en las mayores madres y sus mamás supervivientes."[18]

Signor Raspanti predijo que no habría ninguna cabello largo para tijeretazo de los tijeras me dio un susto, como un baño frío o tomando el gas. Sin embargo, elcortar, desde que ya 90 ciento de las mujeres jóvenes y 50 per ciento de sus mayores, sin el límite de edad, se habían unido a las líneas de cabello corto.[19] Los hombres, sin embargo, estan enfurecidos sobre la invasión femenina en sus peluquerías. Un barbero mantuvo en un lugar eminente fuera de su tienda una señal declarando en grande: NO SE CORTA EL CABELLO DE NINGUNA SEÑORA EN ESTA TIENDA. En algunas ciudades había largas lineas de mujeres fuera de las tiendas de barberos que esperan ansiosamente por su oportunidad para un "corte" amuchachado. Las mujeres lucharon por las citas y alegremente pagaron tan alto como cinco dólares para conseguir su corte de cabello.[20]

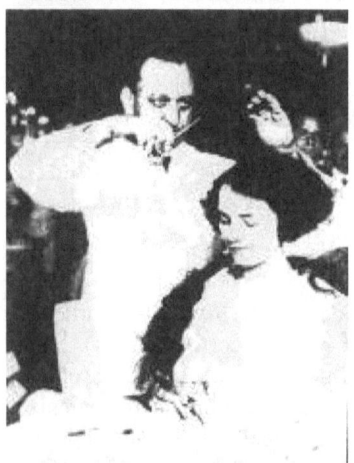

Mary Brush Williams informó en el periódico de *Casa de Señoras* (Ladies' Home Journal) en 1925 que ella se apresuró al peluquero sólo para encontrar a su desmayo que la tienda estaba llena de mujeres. Después de echar una mirada alrededor de en absoluto a las mujeres ella se sentío terriblemente apenada. Ella declaró en su artículo que "Las muchachas estaban sentándose en el suelo; sentándose en el suelo... y una encima de otra...demorando

Mujer consigue cortar (bobbed) su cabello

Mi Cabello, Mi Gloria

alrededor hasta que fuera su turno para cortar su cabello."[21]

El corte de cabello corto (bobbed) causó todos tipos de reacciones. Algunas mujeres se desmayaron al ver la vista de sus coronas de gloria que quedaban en las alfombras de los salones de cabello. Julia Hoyt informó el refrán "yo debo decir que el primer tijeretazo de los tijeras me dio un susto, como un baño frío o tomando el gas. Sin embargo, el primer momento fue el peor."[22]

Raspanti revoca, "Había un tiempo cuando yo tenía que tener las sales aromáticas aquí en mi mesa, tantas mujeres se sentían débiles cuando ellas veían que ya no tenían su cabello. Yo recuerdo a una francesa que lloró y lloró. Ella declaró que ella no iría a casa; su marido la mataría. Yo casi me sentí tan apenado como ella. Yo habría dado cualquier cosa para devolver le su cabello otra vez. Pero era demasiado tarde. Así fue de esa manera con muchas de ellas, pero ya no es así. Hoy día ellas sólo regocijan en la libertad del cabello corto."[23]

El corte (bob) era, claramente, una gran estampida para los barberos y peluqueros. Solo en Nueva York se informa que se cortaba el cabello a la frecuencia de dos mil cabezas por día. Era un caso de suministro y exige, claro; el mundo no se preocupa de los principios de Dios para hacer "dinero." Muchos barberos se hicieron ricos de la noche a la mañana. Había tal demanda para los cortes (bobs) que las escuelas de barberos anunciaron cursos rápidos que le enseñarían el "Corte Muchacho" (Boy Bob) a cualquier barbero de hombre.

George E. Darling defendiendo el corte de cabello corto (bob) dijo, "No es un estilo de cabello que se prefiere por no sólo una clase de mujeres sino es la selección de todas. . . . Por qué. . . la gente. . . dice que el corte (bob) está por salir?" Él refutó los rumores de la tendencia de cabello corto (bob) fuertemente, declarando que "las personas están intentando rasgar abajo y destruir una de las más grandes profesiones en este país."[24] Él no quería ver su negocio aprovechable ir a la quiebra. La Biblia declara en 1 Timoteo 6:10, *Porque raíz de todos males es el amor al dinero.* . . .

En 1920, había sólo 5,000 peluquerías en los Estados Unidos, pero al cierre de 1924 había 21,000 tiendas establecidas y varios miles de tiendas más momentáneas. Las Nuevas tiendas estaban abriendo todos los días y ellos parecían prosperar.[25] En un reciente informe comercial del consumidor, a partir de 1991 había 78,588. Ahora en 1995 el número de tiendas de belleza posiblemente es más de ochenta y cinco mil.

Los Predicadores toman una Posición

Ésta no era ninguna cosa ligera para que el mundo lo consumiera. "Mientras el fanatismo desafía la naturaleza, la Cristiandad la respeta [la naturaleza] y lo refina y cualquier cosa que cause susto a los sentimientos comúnes de la humanidad probablemente no estan bien."[26] A los conservadores, las mujeres pelicortas eran el tanto "radicales y monstruosas de la sociedad" como los músicos masculinos melenudos y artistas. Muchos vieron el cabello corto (bobbed) como un símbolo de toda la enfermedad de la edad de la "Juventud Encendida."[27]

Cuando las mujeres empezaron a cortar su cabello, algunos grupos cristianos conservadores empezaron a tomar una posición contra él. Según David Bernard en su libro, la *Santidad Práctica: Una Segunda Mirada* (Practical Holiness: A Second Look), él declara que la mayoría de los grupos de Santidad se opusieron así como los Pentecosteses tempranos.[28] Muchas iglesias predicaron fuertemente contra esta maldad. La mayoría de los predicadores fueron a sus pulpitos para advertir a sus gentes que una mujer de cabello corto (bobbed) es una mujer deshonrada.

Se informó en la primavera de 1926 que en una sala del tribunal de Missouri, una madre que suplicó por el retorno de sus seis niños que habían estado viviendo con un guardián, su niña mayor de 12 años de edad, le preguntó el juez si ellos desearan volver a su madre. Ella contestó, "No. Nosotros no creemos que nuestra Madre es una mujer Cristiana. Ella corto su cabello, y la Biblia dice en el undécimo capítulo de Primera de Corintios que una mujer no debe cortar su cabello, Ella lleva joyería y la ropa luminosa. Una mujer Cristiana no debe hacer estas cosas." Los tres niños mayores fueron situados en casas privadas con "influencias Cristianas."[29]

Mi Cabello, Mi Gloria

En Inglaterra aproximadamente el mismo año como el caso de Missouri un tracto titulado "¿Cabello Corto (Bobbed): Es Bienagradable Al Señor?" se circuló a lo largo del país. El autor escribió:

¿Nuestras hermanas en Cristo—las más joven sobre todo— que escuchen algunas palabras de exhortación y súplica? Una nueva moda a llegado a este mundo que no conoce a Dios, y muchas que lo conocen lo están siguiéndo. ¡La nueva moda se llama (bobbing) el cabello! . . . Ningún cristiano afligiría al Señor de buena gana, ciertamente ninguno desobedecería Su palabra sabiendo. Pero 'el mal es forjado por la necesidad de pensamiento así como los deseos del corazón!'

. . . La familia humana, mientras habiendo tirado fuera a Dios, es una masa hirviendo de inquietud y de insatisfacción (Isaías 7:20-21). Ninguna satisfacción puede encontrarse. Nada agrada a la mente por largo tiempo, para aquéllos quiénes proporcionan los entretenimientos del mundo y las modas que tienen que guardar sus inteligencias continuamente en la percha para proporcionar algo fresco. ¿Pero por qué las mujeres Cristianas deben caerse víctimas a todo esto?

. . . ¿Tiene la palabra de Dios nada que decir acerca de éstas cosas? Permítanos volver a 1 Corintios 11:3-16. En verso 15 nosotros leamos: "Por el contrario, a la mujer dejarse crecer el cabello le es honroso; porque en lugar de velo le es dado el cabello." Este pasaje le debe bastar a todas las que desean agradar Dios. . . . En verso 6 nos dicen, "le es vergonzoso a la mujer cortarse el cabello o raparse." La nueva palabra "bobbing" es sólo otra manera de decir raparse.

¡Una mujer con cabello corto es una mujer deshonrada! ¡Ciertamente una consideración seria para todas las que temen a Dios! ¿Qué le dira el Señor a nuestras hermanas sobre esto cuando todas nosotros estemos de pie delante del asiento de Su juicio? ¿Donde estarian nuestras hermanas de cabello corto en la escena de las dos mujeres de que secaron los pies de Jesús con su cabello? ¿Qué servicios podrían ellas darle a el Señor en su condición antinatural? ¡Qué extrañamente incómodas habrían estado nuestras pobres hermanas esquiladas si hubieran estado presente en esa Casa en Bethany ese día! El rechazo de proferir la palabra "obedece" en el Servicio Matrimonial, llevando la ropa de hombres cuando en bicicleta, fumar los cigarros y el "cortar" el cabello son todos indicativos de una cosa . . . se burlan de el orden de Dios por todas partes. La paciencia divina ha tolerado el mal creciente en el presente, pero la hora de la Divina intervención del juicio se acerca pronto.[30]

Este tracto intenta advertir a las señoras que no corten su cabello. El autor expresa la ofensa seria contra el testamento de Dios. Sin embargo, el mundo parecía simplemente ignorar su advertencia, y las mujeres diariamente cortaron su cabello. La Escritura en Romanos 12:2 declara, *No os conforméis a este siglo, sino transformaos por medio de la renovación de vuestro entendimiento, para que comprobéis cuál sea la buena voluntad de Dios, agradable y perfecta.*

Los hombres divorciaron a sus esposas sobre el cabello corto. Un hombre, John Baer, en Peoria, Illinois, Septiembre 27, temió su coraje tanto porque su esposa se cortó el cabello. Él llamó a la cárcel del condado y les rogó que lo cerraran con llave para que él pudiera refrescarse allí y "calmar su coraje."[31] Un gerente de una tienda grande despidió a todas los empleados que cortaron su cabello corto (bobbed), y un hospital descargo a todas las enfermeras que cortaron su cabello corto (bobbed).

En Octubre de 1927 la revista de *Hygeia*, una revista de salud, imprezó que cortar el cabello corto (bobbed) produciría "la última calvicie de las especies."[32] El tirón del comercialismo era fuerte hacia las mujeres, los estilistas aconsejaron que sin el corte de cabello corto (bobbed) ninguna mujer pudiera esperar realmente ser chic.[33] Algunas mujeres que escogieron no cortar su cabello simplemente lo llevaron en trenzas enrolladas que parecieron audífonos.

Se enfrentaron las mujeres continuamente con la tentación crucial, cortar o no cortar su cabello. En un artículo que corrió en la *Revista Habla de cosas pasadas* (Reminisce Magazine), Catador Edición 1995, "Cuando el Cabello corto (bobbed) estaba en moda," Mary C. Detmers recuerda que en 1924 cuando ella sólo tenía 14 años,

ella desesperadamente quería un un corte de cabello corto (bobbed)...
sólo para que ella pudiera parecerse a todos las demás en su escuela.
Pero su madre le dijo que no, porque su cabello era su coronamiento de gloria "y cortarlo sería un pecado."[34]

En Mayo de 1924, Detmers y su hermana de 16 años de edad vieron una peluquería abrierta mientras ellas caminaban a la casa una noche despues de una película. Ellas ya no podían resistirse. Dentro de veinte minutos su cabello estaba quedando en montones en el piso.[35] Aunque ellas fueron castigadas llevando gorras para cubrir su cabello durante un año, pronto su madre sucumbió a la presión y cortó su propio cabello.

Como Detmers, muchas muchachas y mujeres escogieron ignorar los principios Bíblicos significantes con respecto al cabello encontrados en 1 Corintios 11. La Biblia nos dice a nosotros y esta generación de señoras en 1 Juan 2:15, *No améis al mundo, ni las cosas que están en el mundo.* La Biblia Viviente parafrasea este verso: *Parad de amar este mundo malo y todos que le ofrece, porque cuando usted ama estas cosas, usted muestra que usted realmente no ama a Dios.*

El Cabello Corto (Bobbed) Aquí para Quedarse

Quizás las señoras en los años '20s se sentian que no eran pertinente a su nuevo estilo de vida. La Palabra de Dios nunca cambia aunque las tendencias de moda cambien. Los corazones de las mujeres de cabello corto estaban llenos de egoísmo e iniquidad. Pronto, el peinadse volvió una rabia internacional. Varsovia, Inglaterra, Prusia Oriental, y Shanghai eran algunos de los países que también se ultrajaron a este acto revolucionario.[36] El mundo pronto segaría mucha calamidad por tales acciones. ¿Fue sólo porque ellos cortaron su cabello? ¿O era porque esta generación se volvió atrás contra todo lo que era asociado con la piedad?

La resistencia era fuerte para que las mujeres guardaran su cabello largo. Como la verdadera realeza, consorte Reina Maria fue firme en 1934 no fue conmovida por cualquier nuevoencuentre frenesí de señoras que cortan su cabello. Un artículo "Arriba Abajo" (Upstairs

Downstairs), escrito por Brian Hoey que corrió en *la Revista del Majestad* (Majesty Magazine) en Junio de 1995, declaró que una señora que era una criada en el Suelo Principal en el Palacio de Buckingham "fue reprendida fuertemente 1930 por la Reina María por tener su cabello corto (bobbed), con un comentario afilado, 'Usted está intentando parecerse a una dama.'"[37] Qué probablemente significó que esta mujer estaba intentando parecerse a un plebeyo y no a uno que se asocia con la realeza. Igualmente un orden se dispersó por el Rey George para todas las sirvientas en el Palacio de Buckingham que guardaran su cabello largo y si ellas habian cortado (bobbed) su cabello deberia estar creciendo para atrás o ellas perderían su trabajo real.[38]

Los liberales, sin embargo, rechazaron cualquier oposición que vino a ellos. Ellos decidieron poner la mirada de corto (bobbed) como la identidad feminista. La estrella de la ópera de cincuenta años de edad, Mary Garden, dijo a los lectores en su artículo, "Por qué yo corte (bobbed) mi cabello" (Why I bobbed my hair) que corrió en la *Revisión Pictórica* (Pictorial Review), en Abril de 1927, "El cabello corto (bobbed) es un estado de mente y no meramente una nueva manera de vestir mi cabeza.... Yo considero que liberarnos de nuestro cabello largo es uno de los muchos grilletes pequeños que las mujeres han lanzado al lado en su pasaje a la libertad. Cualquier cosa que los ayude en su emancipación, aunque pareca muy pequeño, vale la pena.... Cortar (bobbed) el cabello es una de esas cosas que nos muestran si nosotros somos de frente de la edad en que nosotros nos encontramos."[39]

Según esta mujer ser "de frente de la edad" significaba para ella conformar a la imagen del mundo. Garden pensó que cortar (bob) su cabello era una "cosa pequeña" que "valía la pena," pero las consecuencias espirituales para nuestro país fueron las más grandes cosas en toda la historia. Fue durante esta década que nuestra América religiosa recayó completamente en la rebelión, iniquidad, y maldad.

Había otro artículo rebelde sin reserva escrito por Lynn Fontanne que corrió en el Periódico de la *Casa de las Señoras* (Ladies' Home Journal), en Junio de 1927,

Mi Cabello, Mi Gloria

Al mandar este boletín a las mujeres Americanas, yo quiero en primer lugar pedir les maquillen sus caras. Estudie el maquillaje. póngalo francamente en sus caras, audazmente pero con el talento artístico. No le moleste lo que sus maridos digan. Permítales objetar tan ruidosamente como ellos quieran. . . . Ellos se acostumbraran a el maquillaje después de un rato, así como ellos se acostumbraran a el cabello corto (bobbed). No sólo se acostumbraran a él pero lo admiraron y estando orgullosos de sus esposas por su sabiduría. El cabello corto no sólo llama la atención a la forma bonita de la cabeza de uno, es elegante y es otra manera de decir que es un símbolo de juventud, el deseo de ser encantandora y atractiva en de este día y tiempo. . . . El cabello largo está peligrosamente en el borde de ridículo.[40]

Al cierre de la década había un aire de desesperación, incluso entre el frívolo. Walter Lippman había dicho que lo que más distingue esta generación que ha madurado finalmente del desastre de idealismo no es su rebelión contra la religión y el código moral de sus padres, pero su desilusión con su propia rebelión. Los ha dejado inalterados e incumplidos. Es común para los hombres y mujeres jóvenes rebelarse, pero que ellos tristemente se rebelen sin fe en su rebelión, y que ellos desconfien en su nueva libertad nada menos que a las viejas certezas—eso es algo nuevo.[41] La rebelión de los años '20s ciertamente a dejado a la juventud desencantados y se encuentran más allá de Dios a una proporción irrevocable.

Notas Finales

1. "Irene Castle," *Grolier Multimedia Encyclopedia*, CD-ROM
2. Lois Decker O'Neill (ed.), "Most Influential Fashion Figure of the Decade 1910-1920" and "First American-Born Hat Designer," *The Women's Book of World Records and Achievements* (Garden City: Anchor Press/Doubleday, 1979), 238
3. Richard Corson, *Fashion in Hair: The First Five Thousand Years* (New York: Hastings House, 1965), 610-611.
4. O'Neill, 238.
5. Barbara Sicherman and Carol Hurd Green (eds.), "Irene Castle," *Noble American Women: The Modern Period 1607-1950* (Massachusetts: Belknap Press, 1980), 142-143.
6. Marian Spitzer, "The Erstwhile Crowning Glory," *The Saturday Evening Post*, 27 June, 1925
7. Mary Pickford, "Please May I Bob My Hair?" *Liberty Magazine*, April 1927, *The Liberty Years 1924-1950: An Anthology*, Allen Churchill (ed.) (New Jersey: Prentice Hall, 1969), 10-12.
8. Ibid.
9. Ibid.
10. *Scientific American Digest*, April 1927.
11. Kirstin Olsen, *Chronology of Women's History* (Westport: Greenwood, 1994), 169
12. Spitzer.
13. Ibid.
14. Ibid
15. Corson, 611.
16. Ann Harding, "Your Crowning Glory," *Ladies' Home Journal*, March 1927.
17. Corson, 610
18. Ibid.
19. Ibid., 611.
20. Spitzer.
21. Corson, 612.
22. Ibid.
23. Ibid., 611.
24. Ibid., 618-619.
25. Spitzer.

Mi Cabello, Mi Gloria

26. Robertson and Plummer, 235.
27. Severn, 122.
28. David Bernard, *Practical Holiness: A Second Look* (Hazelwood: Word Aflame Press, 1985), 222
29. Corson, 614
30. Ibid., 614-615.
31. Segraves, 54.
32. *Hygeia*, October 1927
33. Severn, 122.
34. Mary C. Detmers, "When Bobbed Hair Was 'In,'" *Reminisce Magazine*, Sampler Edition, 1995.
35. Ibid., 28.
36. Segraves, 54.
37. Brian Hoey, "Upstairs Downstairs," *Majesty Magazine*, June 1995.
38. Segraves, 54
39. Severn, 124
40. Corson, 616.
41. Edley, vol. 3, 26.

Mi Cabello, Mi Gloria

7 – Tiempos de Dificultad Adelante

Durante las próximas dos décadas, fue como si la mano de Dios Todopoderoso se hubiese retirado totalmente de América. La gloria había partido cuando las mujeres de nuestro país trasquilaron su cabello. ¿Era sólo una coincidencia que tiempos de dificultad vinieron casi directamente después de que las mujeres empezaron a cortar su cabello o había una conexión al techado espiritual proporcionado por la obediencia a las Palabra de Dios? Nosotros podemos aplicar la Escritura encontrada en Deuteronomio 11:28: *Y la maldición, si no oyereis los mandamientos de Jehová vuestro Dios, y os apartareis del camino que yo os ordeno hoy, para ir en pos de dioses ajenos que no habéis conocido.* En el libro de 1 Samuel 12:15 hay otra exhortación y advertencia para nosotros: *Mas si no oyereis la voz de Jehová, y si fuereis rebeldes a las palabras de Jehová, la mano de Jehová estará contra vosotros.*

El Señor recuperó Su gloria de nuestra tierra cuando una multitud de mujeres cortaron su gloria (cabello). Los ángeles del Señor fueron liberados de proporcionar y proteger a las personas Americanas. Esta generación de cuellotieso se volteó del Señor en la persecución de lujurias carnales. En conjunto, ellos perdieron su poder sobre el enemigo. . . y vinieron los problemas y pruebas de la cuarta década. La Biblia dice en Oseas 8:7, *Porque sembraron viento, y torbellino segarán.* . . .

Los Desastres Soplaron así adentro

El torbellino de desastres empezó a soplar el 24 de Octubre de 1929 cuando de repente la bolsa de valores chocó (stock market). El pandemónium golpeó el suelo de la bolsa de valores en ese día "Martes

Negro" le costó a la lista accionaria encima de $14 millones. Muchos cometieron el suicidio por la gran caída accionaria.

Sherwood Anderson dijo, "Afuera el mundo grande hoy está tan lleno de confusión. Me parece a mí que la esperanza, en el enredo presente es el pensamiento pequeño." La mayoría de las personas estaban acostumbradas a vivir "alto—de lo mejor" pero pronto ellos se redujeron a simplemente los peniques no más. No más diversión y frivolidad porque su burbuja de prosperidad había estallado. El libro de Proverbios declara, *Él que confía en sus riquezas caerá* (Proverbios 11:28).

La Gran Depresión de los Años treinta trajo las multitudes a la pobreza. La nación más rica en la tierra se encuentra abruptamente con el significado de tener hambre, ser destituido, y en quiebra. Unos 40 millones de personas aprendieron que éste era un estilo de vida.

Para agregar a la carga de la Depresión en la nación varios desastres naturales ocurrieron. El diluvio de 1937 dejo más de un millón de personas sin casa y con necesidad de alivio de diluvio. La gran tormenta del polvo que pegó de Texas a Canadá había exigido las vidas de muchos por la sofocación. La sequedad destruyó centenares de cosechas y dejo a granjeros casi sin dinero. El desempleo subió como un cohete. ¡Una familia caminó 900 millas sólo para solicitar un trabajo!

En los tiempos duros como éstos, los ladrones y gángsteres abusaron de las personas. Ellos se sabia que llevavan sus armas de serró fuera y pistolas Tommy. Los gángsteres como Dillinger, "Baby Face" Nelson, "Pretty Boy" Floyd, Bonnie y Clyde, "Ma" Parker y sus hijos, y "Machine gun" Kelly estaban buscando el dinero fácil a través del robo, secuestrando e asesinato. Mirando así atrás a este tiempo en la historia uno podría pensar que todo el infierno fue liberado para arruinar y traer destrucción a nuestra nación.

Todas estas tragedias pasaron en sólo el palmo corto de diez años. ¿Era un accidente o el Señor estaba guardando Su palabra que cuándo Su gente le da la espalda a Él en desobediencia ellos se prometen segar resultados devastadores?

Dios no nos ha dejado preguntando por qué estas calamidades podrían haber pasado pero Él nos dijo en Su Palabra que ellos eran para "una señal" para que todos vieran. Nosotros encontramos la Escritura que dice en Deuteronomio 28:45-47:

Y vendrán sobre ti estas maldiciones, y te perseguirán, y te alcanzarán hasta que perezcas; por cuanto no habrás aten- dido a la voz de Jehová tu Dios, para guardar su mandamiento y sus estatutos, que él te mando: y serán en ti por señal y por maravilla, y en tu desendencia para siempre. Por cuanto no serviste a Jehová tú Dios con alegría y con gozo de corazón, por la abundancia de todas las cosas.

Debe ser la esperanza de todo cristiano que su país religioso retrocediera a Dios. Nos animan de la promesa en la Escritura en 2 Crónicas 7:14 escribe que *si se humillare mi pueblo, sobre el cual mi nombre es invocado, y oraren y buscaren mi rostro, y se convirtieren de sus malos caminos; entonces yo oiré desde los cielos, y perdonaré sus pecados, y sanaré su tierra.*

Durante este tiempo no todas las personas fueron arrastradas a vivir alborotadamente. El reavivamiento pasó a lo largo del país. Porque Dios tenía un remanente de personas que lo amaron y predicaron el Evangelio a pesar de todo el pecado. Romanos 5:20 dice, *Mas cuando el pecado abundó, sobreabundó la gracia.*

La Gracia Forja una Manera

Una hermana mayor en el Señor me dijo su testimonio de cómo ella se salvó en 1927 durante la "manía de cabello" meneado (bobbed). La hermana Annie Swank, de 17 años de edad en ese tiempo, era uno de esas muchachas que consiguieron cortar (bobbed) su cabello, cuando salió la novedad del cabello meneado. Ella se informo sobre el estilo meneado por medio de la radio, periódico y artículos de las revistas y anuncios, ya que en esos días no había televisión. Ella me dijo que su cuñada fue la que le meneó su cabello.

¡Ella pensó que ella se miraba bastante bien, usted sabe, con la moda de los tiempos! Ella uso el maquillaje y las joyas con su nuevo estilo de cabello (bobbed). Esto se volvió "un dios" para ella. Ella no queria ir a ninguna parte sin arreglarse de esta manera.

La hermana Swank dijo que un fin de semana ella oyó que un predicador, Reverendo Smith, venia al pueblo. Él era uno de esos "Un Aleluya que hablaba en lenguas." Ella me dijo que las personas en esos días pensaban que hablar en lenguas era del diablo. Las gentes en su pueblo nunca habían oído hablar acerca "del Nombre de Jesús." Las personas en su pueblo de Leedey, Oklahoma, le tiraron huevos podridos y tomates al predicador mientras él estaba predicando.

Ella y cuatro amigas salieron al árbol del cepillo para ver la "presentación" y ver lo qué estaba pasando. Efectivamente, el Señor empezó a darle convicción de sus pecados. Ella se arrepintió esa noche y Dios la llenó del Espíritu Santo. Pero antes de que ella pudiera levantarse de sus rodillas para salir, ella dijo que el Señor le dijo tira todo el maquillaje y las joyas y deja de cortar tu cabello. Ella me dijo que ella no podía mover su cuerpo literalmente hasta que ella le hizo un compromiso al Señor. Finalmente en un momento, ella dijo "sí" al Señor. Ella ha vivido para Dios por todos estos años.

Ella dijo que los años de la depresión fueron duros pero las personas se ayudaban entre si juntos y el Señor proporcionó el resto.

La Decadencia más profunda

Cuando Dios estaba haciendo un trabajo en las vidas de muchos, nuestra nación mundana durante los años '30s estaba cada vez peor. Aunque el pecado ha estado pasando a lo largo de las edades, éste era un tiempo cuando las personas se pusieron llamativos sobre él. América Cristiana empezó a henderse separadamente en sus personas. Cristianos fundamentales le fueron fieles al verdadero Dios y a Su Palabra pero el mundo estaba abrazando los dispositivos malos del diablo. La inmoralidad creciente de nuestra nación no podría detenerse.

Las muchedumbres fueron atraídas a los teatros. Ésto se volvió un alivio para algunos del la obscuridad de la Gran Depresión. En lugar

Mi Cabello, Mi Gloria

de volver a Dios, muchos se voltearon a Hollywood que les ofreció un descargo temporal. . . por un boleto de solo 25 centavos. Ellos buscaban escapar de sus vidas de desesperacion y lo encontraron en el glamour y brillo de la pantalla de la película. En lugar de orar como una nación, ellos recibieron un sentido falso de seguridad de las estrellas del cine. En tiempo absoluto las muchas y mujeres adoptaron los mismos peinados y modas de las estrellas. Esto causó que muchos ciudadanos se pusieran más sensuales e impíos.

En 1932, la actriz y cantante Americana Alemán-nacida Merlín Dietrick, no respecto al pasaje de Escritura en Deuteronomio 22:5, fue la primera vista ambulante a lo largo del río de Seine en Francia vestida en una chaqueta de hombre y pantalones. El jefe de policía de París fue ultrajado al verla vestida así. Él pidió que ella saliera. Pronto, ella se vio en las salas de fiestas y en las calles en trajes de pantalon entallados para hombre. A pesar de todas las risitas empezó una tendencia rápidamente. Sin embargo, la tendencia en América no empezó hasta "Katherine Hepburn y Greta Garbo empezaron a llevar pantalones holgados sueltos en la pantalla de plata," dice Lynn Schnurnberger en su libro, *Que Haya Ropa: 40,000 Años de Moda* (Let There Be Clothes: 40,000 Years of Fashion).[1]

Los predicadores empezaron a advertir le a los Cristianos de los males de las películas como el fundamentalista independiente John R. Rice. Él declara en su folleto, lo "que está Equivocado con las Películas" (What is Wrong with the Movies?) escrito en 1938, los males asociados con las películas son principalmente los estilos de vida inmorales de las estrellas que se vuelven los modelos del papel y héroes en nuestra sociedad. Ellos modelaron el uso de tabaco y se comprometieron en el juego, el sexo ilícito, crimen, temas de amor impuros y llevando ropa impía. Rice nombrado que los productores hacen los cines para la codicia y notoriedad, mientras no teniendo ningún sentido de responsabilidad a la sociedad y moralidad, Él dijo que ellos enseñan y animan el crimen, endosen el pecado, enseñan e incitan la lujuria, estropéesen la virtud, y contribuyen a la delincuencia.[2] Una vez liberado, no había ninguna manera de detener el caballo salvaje de inmoralidad. En 1938, la actitud creciente de la sociedad se expresó claramente en este poema escrito por Brenda Frazier:

133

Yo estoy establecida ahora a los '38
Con el título de glamour y reprobatorio
Yo he ganado una posición en la Boga y Harper
Por cien dólares yo anunciaré las ligas.
Yo le rechino los dientes y sonrío a mis enemigos;
Yo me siento en el Club de Cigüeña y hablo con
nulidades.[3]

 El tiempo de los problemas de la nación parecía nivelarse, ya que algunos ciudadanos se estaban ajustados a los años delgados. Muchos pensamos que la nueva década de los '40 traería una esperanza fresca. Pero a su desmayo todos los ojos estaban en la tensión escalada en la ultramar. Aún lo más peor vendría todavía en la quinta década.

 Alemania había sujetado un puño férrico alrededor de Europa Central el mes de Septiembre de 1939. Muchos libros de la historia cuentan los eventos trágicos que pasaron por todo el mundo durante este tiempo. Este libro no puede escribir todas las cosas devastadoras que ocurrieron durante la Segunda Guerra Mundial.

 Nosotros no debemos olvidarnos que las señoras en Europa también se habían esquilado su cabello en la "Manía de Cabello Meneado" (bobbed) en los años '20s y '30s. Ellas y toda Europa también iban a segar los resultados de proporciones catastróficas.

 El mundo estaba en el borde de holocausto y así como los Estados Unidos se engranaron para la Segunda Guerra Mundial, en 1940 RCA Víctor salió con el infame "radio-televisión." Los programas eran escasos durante la guerra pero en Junio de 1946, la Compañía de Radiodifusión Nacional (National Broadcasting) estaba lista para servir al público Americano. Pronto, la televisión se volvió el nuevo enloquecer de la década '40, y el sentido de alivio de las presiones de la guerra. Pronto, esta nueva invención se encontró en casi todos las salas esto sólo manejó la cuña más allá entre el llamado América religiosa y Dios Todopoderoso.[4]

 Desde ese entonces con el asalto de maldad, nuestra nación nunca a hecho un esfuerzo por volver a Dios. La década de los años cincuenta era simplemente un tiempo de reagrupar después de la guerra. Era un tiempo de unión familiar pero muchos Americanos sentían los temores de poste Segunda Guerra Mundial. Ellos temieron la amenaza de una guerra nuclear del Unión Soviética. Algunos excavaron a sus céspedes para instalar los resguardos de la bomba. Muchas personas empezaron a informar que vieron ultra-terrestres (UFO). Durante la década de los '50s hubo un promedio de 600 visiones de (UFO) por año. Hollywood continuó a tirar fuera más impiedad para atrincherar extensamente a América en sus lujurias. Marilyn Monroe y Elvis Presley, para nombrar algunos se volvieron los símbolos "de sexo" modernos de ese día para despertar un apetito promiscuo en los corazones de los jóvenes. Muchas familias eran buscadores de recreación adecuados en lugar del ir a la iglesia. América dejó al "La Roca de su Salvación" para abrazar la nueva próxima cultura del "rock 'n' roll."

La Década Enfadada de los '60s

Los Años sesenta le pegaron a este país con un golpe. Esta década fue conocido como la "Década Enfadada." Amargura y enojo empezaron con estudiantes que armaron escándalo en los pasos del Vestíbulo de la Ciudad de San Francisco en Mayo de 1960. Entre 1964 y 1967 los alborotos de la raza habían subido fuera de mando en 58 ciudades que dejaron 141 muertos y 4,552 heridos.[5]

Una vez más el diablo lanzado sus dispositivos malos en la juventud que abrió las compuertas de rebelión como paso en los 1920. El Culto de Droga, el Movimiento Hippie, y la infiltración de Religiones Orientales, todos tocaron a una gran parte a la causa extensa del declive de nuestra América religiosa. Ésta era la década en dónde nosotros como una nación hemos entrado en la era poste-Cristiana.

En 1963 la atea infame, Madalyn Murray O'Hair ganó el caso de la Corte Supremo Americano, *Murray contra Curlett*, en que la oración en las escuelas públicas fue prohibida.[6] Allí, la "separación de iglesia y estado" empezó. Esto mató cualquier protección contra las influencias malas en las escuelas.

La santidad de la casa y matrimonio se volvió el blanco de los soplos del enemigo durante los Años sesenta. El diablo despacio corroyó la belleza de un hombre y una mujer que viven en la armonía de matrimonio. El ataque de Satanás causó un terremoto espiritual... agitando el centro fundamental de nuestra nación.

Como la sagrada institución de matrimonio se desafió, un espíritu de "sexo" libre empezó a incitar a la juventud de América. Muchas de las casas dónde los niños tomaron la residencia normalmente se llamaron "las comunidades." El sexo Libre, psicodélico, y drogas eran parte del vivir moderno de ese día. Esta novedad se volvió un estilo de vida aceptable pronto. Las parejas por toda la nación empezaron a vivir en "la choza o vivir juntos sin casarse." Y América que una vez conoció a Dios se revolcó en el pozo negro de fornicación y adulterio. Las estadísticas mostraron que el divorcio y enfermedades transmitidas sexualmente empezaron a subir como un cohete.

La nación quedo aturdida a las noticias del asesinato de su querido Presidente John F. Kennedy en Noviembre de 1963. La nación estuvo brevemente en un torbellino menor recuperado con seguridad cuando L. B. Johnson tomo la presidencia rápidamente. Sin embargo la guerra de Vietnam le pego en la cara. Esta guerra sólo crió más protestas, más amargura, y más odio en los ciudadanos.

Pronto había de nuevo, noticias del asesinato de Dr. Martin Luther King, el líder delantero del país en el Movimiento de los Derechos Civil. Y el mismo año mientras haciendo campaña para la presidencia Robert Kennedy fue asesinado en Los Angeles. Estos episodios causaron un sentimiento desalentado en el corazón del país.

En la primavera de 1964 hubo otra invasión todavía. Un grupo de rock "Los Beatles" aterrizaron en Nueva York. Pronto "Beatlemania" extendió sobre de una parte buena de América. Millones de Americanos jóvenes fueron inspirados para imitar su estilo. Su cabello encima deeloreja, de ceja-longitud empezó la revolución de cabello larga que todavía nos frecuenta hoy.

Por 1965 el corte de la tripulación (crew cut) estaba de camino para fuera. Según una estimación, los barberos fueron forzándos a cerar al porcentaje de cien peluquerías por mez.[7] Una nube empezó a establecerse en la sociedad durante este ataque de rebelión que causó un fenómeno interesante que manchó el papel de los sexos. Así, nació la moda unisex.

El cabello desaliñado de los hombres desplegó su rebelión contra "el establecimiento." Tal como los hombres protestaban contra la autoridad y gobierno su cabello desgreñado lanudo creció más y más largo. El cabello de algunos hombres alcanzó a su cintura. La sociedad abrió la boca en general a esta vista. Los padres igual se enmudecieron y se asustaron.

Las mujeres, por otro lado, permitieron su cabello crecer naturalente, recto y sin cortar. Ellos fueron conocidos como los "niños de la flor" (flower children). "Amor, Paz y Felicidad" era su lema, y "¡Enciende y Pone a punto fuera!" era el refrán en la lengua de cada persona joven.

La Erupción de los '70s

Los '70s hicieron erupción con un golpe con la cultura de la Nuevo Ola-Punk Rock que aparecía en la escena. Éste era el tipo de música que era original, rebelde, y emocionalmente cargada. Empujó más allá de los límites aceptados del rock 'n' roll. La mayoría de la música tenía letras decadentes que embellecen drogas, sexo, y suicidio. Fue la intensidad emocional subyacente de su música no su talento musical que atrajo a oyentes.[8]

El evento más notable que agitó esta década pasó en la parte temprana de 1973 cuando la Corte Suprema Americana declaró el aborto legal. Matando en el nombre del derecho de la "mujer y su privación." De 1973 hasta el día de hoy en 1995 habido encima de 30 millones de abortos realizados en los Estados Unidos. El número de muertes es 96 per ciento más que todas las siete guerras en las cuales los Estados Unidos se ha envuelto en a lo largo de nuestra historia. Yo me refiero a las siete guerras siguientes: la Revolucionaria, la Guerra Civil, Primera y Segunda Guerras Mundiales, Coreano, Vietnam y Guerras del Golfo. Desde Diciembre de 1775 cuando el Parlamento declaró la guerra a América hasta el extremo de la Guerra del Golfo en 1992, el total de vidas perdidas fue solamente 1,160,374.

El Punk Rocker

No se compara a 30 millones de muertes causados por el aborto en los 22 años de su legalidad. La vida que una vez fue valioso en América se reduce a la basura humana. Claro ahora ellos no meramente tiran a los fetos en los cubos de la basura pero los ponen en incineradores o disposiciones de basura. . . para prevenir que los pro de-vida los recuperen y muestren que los fetos son seres humanos.

Sin embargo, yo oí en el Programa de la Radio de Dr. Dobson, Julio de 1995, que en China, ellos hacen lo inconcebible. ¡Ellos no tiran o destruyen cualquier feto. . . . Ellos. . . los sirven como una delicadeza en restaurantes que se supone "enriquecer su salud y darle un cutis claro." ¡Eso, mi amigo, es el epítome de Satánicos y canibalismo!

Las ordenanzas santas de Dios se huyen por el nuevoencontró de nuestra cultura de "hacer-su-propio-cosa." América está rebelándose continuamente para obtener las lujurias de humanidad. Ellos no quieren oír lo que la Palabra de Dios dice. Las personas no se detendrán a nada para hacer sus "ganancias grandes." Ellos tienen una pasión para llegar a la "grandeza." En 1979 un accidente en la Isla de Tres Millas la planta de poder nuclear casi trajo el desastre a las vidas de millones. Muchos empezaron a temer la precipitación radiactiva nuclear. El microchip fue inventado y un Nuevo Mundo de computadoras fue introducido. Durante esta década la mirada de "Farrah Fawcett" era "la" moda. Todos querían copiar su corte de cabello emplumado. Los salones de belleza empezaron a dar advertencia a las mujeres que cortaran los extremos de su cabello cada seis semanas. Hasta ese tiempo eso no se había oído antes, y verídicamente, simplemente era otra manera o forma de hacer dinero como los días de la tendencia del cabello meneado (bob).

Los 1980s hasta Ahora

Una vez más en los '80s la televisión se volvió la avenida para más rebelión. Después la televisión se volvió la carretera a la violencia, asesinato y pornografía. En 1981 MTV se volvió la nueva manía para las personas jóvenes. El sexo, drogas, y el Rock-n-roll de Metal Pesado eran el lema para esta generación. La computadora se desarrolló total mente y ahora muchos están seguros que la computadora introducirá al Anticristo en el mundo.

Los '90s se han vuelto la "cultura de conciencia medioambiental." Es la edad de recicle. La sociedad quiere más a la "madre de la tierra" que a sus propias almas. Nosotros tuvimos muchos desastres naturales diluvios y terremotos durante los primeros cinco años de los años noventa y aun muchos no se han arrepentido. En lugar de orar, muchas escuelas enseñan la visualización, meditación, y todas clases de creencias de la Nueva Edad.

El cabello de hoy es ultrajante. Algunos peinados parecen tan raros que uno pensaría que las personas son de otro planeta. Ellos tiñen su cabello de color, púrpura, verde, o naranja. Ellos se visten todo de negro, pintan sus uñas negras y usan el lápiz de labios negro. Algunos

Mi Cabello, Mi Gloria

tiñen su cabello azabachado y lo llevan en una cola de caballo encima de su cabeza. Hay una nueva moda de "calvos" (skinhead) que se puede haber introducido en los fines de1980s. Allí es donde algunas personas jóvenes afeitan sus cabezas calvas para asociarse con las bandas. Yo he notado una tendencia que esta empezando también en las muchachas, de afeitar sus cabezas calvas en los '90s.

A las mujeres que no afeitan sus cabezas completamente les gusta llevar su calzón de cabello. Ellas no tienen ninguna idea lo que la Palabra de Dios dice con respecto a la longitud de cabello. Desgraciadamente, las mujeres de los '90s tienen una perspectiva de la ética circunstancial tanto que no quieren oír lo "que os dice la Palabra de Dios." Su espíritu es uno que grita "usted no puede decirme qué hacer, o lo que yo puedo o no puedo hacer." Pero si usted les pregunta si ellos quieren las bendiciones del Señor en su vida, ellas dicen que "sí" pero ellas no estan dispuestas a venir bajo la sumisión a Su Voluntad o Palabra.

Una tendencia popular ahora es que muchos de los muchachos adolescentes están llevando los aretes agujereados en ambas orejas. Las muchachas llevan varios aretes en una oreja. Ellos agujerean su nariz, labios y cejas que. . . yo he oído de un muchacho que agujereó su lengua con un alfiler de seguridad. Él dijo que era para impedirle hablar el mal (una práctica hindú). Yo me encontré un anuncio en las páginas amarillas del libro del teléfono de nuestra ciudad. Era para "agujerear su cuerpo." Su lema ridículo leído "Si usted es bueno recibirá un chupete." Yo he visto cuadros de personas jóvenes con el arte penetrante en su cuerpo, si usted quiere llamarlo eso. Es una cosa infernal la más demoniaca que yo he visto. Ahora la nueva tendencia que yo he visto en una revista es de quemar su cuerpo; en lugar de conseguir un tatuaje de tinta, los niños usan una antorcha del soplo y alguna forma de metal para marcar con hierro un diseño en su carne. La imaginación del diabloes increíble. ¡Oh, cómo nuestra nacion necesita a Jesús!

Aunque ha habido un avance de tecnológico a través de estas últimas décadas, nunca antes ha estado el mundo fuera de control espiritualmente de esta manera. Uno se pregunta ¿donde está Dios en

todo esto? El pecado está corriendo desenfrenado. Violencia en nuestras calles ha plagado la nación. El asesinato se ha vuelto la norma ahora. Las familias se rompen todos los días. Hay tal ataque de rebelión, falta de respeto, y desobediencia.
La plataforma esta fija para el reino del Anticristo. Se ha dicho que ahora el líder del Movimiento feminista confiesa que su movimiento ha fallado. La nación parece tener un deseo de volver a los elementos esenciales, pero ellos no comprenden que esto sólo puede pasar al reconocer nuestros pecados como una nación, mientras buscando a Dios con nuestro corazón entero y volviéndonos de nuestras maneras malas.

El Cristiano en una Sociedad Pagana

Mi pastor recientemente dijo refiriéndose al asalto de materialismo, "¡En la persecución del sueño Americano nosotros hemos perdido la visión Apostólica!" El declive de nuestra América religiosa empezó originalmente al final del siglo. Ellos no le dijeron su generación "por qué" ellos creyeron lo que ellos creyeron. Ellos perdieron su amor por Dios, Su Palabra y Su presencia Santa. La deterioración espiritual de América continúa cayéndose mientras ellos buscan cada vez más *los placeres de esta vida* (Lucas 8:14).

A través de la reciente décadas la inmoralidad ha tomado un picado aun mayor. Las Ética circunstanciales son la norma. Y ahora, nosotros estamos al punto en América que el derecho está equivocado y el mal es correcto, bueno es malo y el mal es bueno. ¡Nosotros estamos desvalidamente confundidos!

En 1 Juan 4:4-6 la Biblia nos dice que *Hijitos, vosotros sois de Dios, y lo habéis vencido; porque mayor es el que está en vosotros, que el que está en el mundo. Ellos son del mundo; por eso hablan del mundo, y el mundo los oye. Nosotros somos de Dios; el que conoce a Dios, nos oye; el que no es de Dios, no nos oye. . . .*

Esto es donde la confusión plaga algunos. Ellos quieren dar la oreja a la Palabra de Dios y dar la oreja al mundo. Pero usted no puede mezclar los dos... nunca funcionará. Usted no puede mezclar la luz simplemente con la oscuridad. Ellos están desconcertados encima de intentar encajar una clavija cuadrada en un agujero redondo. Ellos quieren ser mundanos y como Cristo al mismo tiempo.

Ahora mismo al cierre de este milenio es un tiempo bueno para decirle a todo cristiano que cortar el cabello de una mujer es más que sólo una decisión cosmética; es una ruptura espiritual. El cabello ha sido un símbolo de rebelión por muchas generaciones. Las mujeres cristianas no deben querer parecerse al mundo o caerse presa a las mentiras del mundo. Si nosotros, el Cuerpo de Cristo, tenemos amor por el mundo entonces en nuestro corazón será fácil para que el diablo nos entrampe y derrote a nuestra demanda espiritual. Entonces nosotros también podríamos seguir posiblemente en esa escalera de caracol descendente de degeneración y podríamos segar las calamidades no deseadas. ¡Dios lo prohiba!

El libro de Deuteronomio 6:7 declara, *Y las repetirás a tus hijos, y hablarás de ellas estando en tu casa, y andando por el camino, y al acostarte, y cuando te levantes.* No fallemos de decirle a nuestra generación por qué las mujeres de Dios no cortan su cabello. Es más que una convicción solamente sin tener en cuenta aquéllos que le extienden ser nada menos que la "chifladura de legalismo." Legalismo en su más pura forma no ofrece ninguna respuesta al "por qué." Nosotros les contestaremos a todos aquéllas que pregunten por qué y les diremos que la respuesta queda firmemente en la Palabra de Dios. Muchos han desatendido sus verdades fundamentales para seguir sus propias lujurias de la carne.

Hay un gran número de mujeres que no están avergonzadas de llevar su "gloria" de coronamiento humildemente para que aquéllos que tienen hambre y tienen sed del Señor pudieran vernos como diferente, puestas separadamente para Dios, unas personas separadas de los estilos mundanos. Nosotros queremos que el mundo pueda ver Su luz que brilla a través de nosotros. *Para que seáis irreprensibles y sencillos, hijos de Dios sin mancha en medio de una generación maligna y perversa, en medio de la cual replandecéis como luminares en el mundo* (Filipenses 2:15). *Sabemos que somos de Dios, y el mundo entero está bajo el maligno* (1 Juan 5:19).

Algunas mujeres de Pentecostés

Notas Finales

1. Lynn Schnurnberger, *Let There Be Clothes: 40,000 Years of Fashion* (New York: Workman Publishing, 1991), 352
2. Bernard, 145.
3. Edley, "Glamor Girl Serenade," vol. 4, 144.
4. Allen, 415.
5. Edley, vol. 6, 148.
6. "Madalyn Murray O'Hair," *American Heritage Dictionary*
7. Severn, 4.
8. "Punk Rock," *Grolier Multimedia Encycloped*

Mi Cabello, Mi Gloria

8 – Los Hechos divertidos sobre el Cabello

En este capítulo nosotros descubriremos algunos hechos interesantes, y a veces, entretenidos sobre el cabello humano. Yo discutiré las complejidades del cabello y su ciclo de crecimiento. Entonces yo cubriré brevemente cómo lavar su cabello correctamente y ofreceré algunas soluciones a una área problemática, las puntas partidas. El cabello gris también se discutirá. Porque el cabello de cada individuo es diferente, las soluciones mencionadas aquí no pueden funcionar para todos. Si ése es su caso yo recomiendo que usted consulte a un profesional.

Este capítulo, de ninguna manera, es la última autoridad en las técnicas disponibles para lograr el cabello saludable. Usted puede encontrar algunos libros apropiados siendo selectivo, que le ofrecerán algunos puntos muy útiles para el cuidado del cabello. . . sin agregar ningún medio artificial. Las sugerencias y puntos ofrecidas por los Profesionales de cabello han trabajado personalmente para mí y pueden ser de gran beneficioso para usted si su cabello esta dañado. Mucha de la información cedido en este capítulo se tomo directamente de los libros de cuidado de cabello.

El Preludio al Cabello Bonito

Cualquiera que alguna vez ha sido tentado a pensar, que un cabello es un cabello es un cabello, debe pensar de nuevo. El cabello es extensamente diferente no sólo en textura, color, y longitud, entre las razas diferentes y entre los individuos de la misma raza pero también en el cuerpo de la misma person.[1]

Hay algunos que estan obsesionados con su cabello, mientras otros no piensan dos veces sobre él. ¿Por qué, hay tanto alboroto? De vez en cuando todos tenemos experiencias difíciles con nuestro cabello, que puede ser muy frustrando. Sin embargo para los hombres, es fácil; ellos salen de la bañera, se peinan el cabello unas cuantas veces, y listo, ellos van en camino. Es mucho más difícil para nosotras las señoras.

Yo puedo recordar cuando yo estaba en la Universidad de la Biblia hace unos años, se exigía que las señoras peinaran su cabello así arriba. Eso no me importó, pero un día sin importar lo que le hacia a mi cabello, no me quedo ningún peinado. Finalmente, en la frustración absoluta, yo le llamé a una de mis instructoras. Le dije que no iría a la escuela porque estaba teniendo literalmente un día de cabello malo (bad hair day). Ella se rió y me dijo que me vería el siguiente día. ¡Le parecerá cómico pero no cuando es su propio cabello!

El cabello puede ser su "gloria" de coronamiento cuando se ve maravilloso o puede ser su "peor pesadilla" cuando usted no puede hacer nada con él. Yo pienso que por eso alguien propuso el refrán que dice "me quiero arrancar el cabello fuera" (Tengo ganas de arrancarme el cabello). Yo oí a alguien decir que Dios sabia que nosotras las señoras necesitabámos emplear nuestra paciencia, por eso Él nos dio cabello largo. Cuando nuestro cabello resulta bien para esa ocasión especial es el mejor día de nuestra vida. Un buen peinado no sólo complementará su apariencia pero también le hará sentirse bien.

El Milagro de Cabello

Jesús dijo en San Mateo 10:30, **Pues aun vuestros cabellos están todos contados.** La declaración que Jesús hizo muestra Su preocupación por los detalles mínimos y aparentemente insignificantes de nuestra vida. Él es un Dios tan bueno que se preocupa aun por las cosas más mínimas que nos interesan.

El cabello definitivamente nos interesa a nosotras, y posiblemente esta en la mente de millones de mujeres. Lo qué Dios puede numerar Él puede proteger según San Lucas 21:18: **Pero ni un cabello de vuestra cabeza perecerá.** Y en 1 Samuel 14:45 Dios prometió **que no ha de caer un cabello de su cabeza en tierra.** Aunque estas Escrituras no hablan específicamente sobre el crecimiento de cabello de nuestra cabeza, Él esta hablando de las promesas de Su protección. Nosotros lloramos a grito abierto por Su protección sobre todo cuando parece que nuestro cabello se nos cae a manos llenas. Nosotros nos preocupamos, sentimos pánico, oramos, pero podemos estar seguros que hay una razón por la cual el Señor ha creado el ciclo de mudar que causa que su cabello se caiga naturalmente.

Los autores Neil S. Sadick, MD, y Donald Charles Richardson declaran en su libro, *Su Cabello: Ayudado a Guardarlo* (Your Hair: Helping to Keep it),

> El impacto emocional de la pérdida de cabello, en combinación con la pérdida misma de cabello, puede crear las condiciones por lo cual más cabello es realmente perdido. Aunque preocupándose por la pérdida de cabello no precipite la pérdida en sí mismo, las situaciones de tensión como las operaciónes, lesión, enfermedad aguda, o las situaciones emocionales severas (como la muerte de alguien cerca) puede exacerbar tendencias de perder el cabello en los individuos predispuestos. Hombres y mujeres que tienen experiencias de tensión ex- trema sobre sus problemas del cuero cabelludo (scalp) pueden padecer de un derramamiento difuso de cabello que empieza tres a cuatro meses después de un episodio de tensión. La tensión también puede causar la precipitación de alopecia areata, una enfermedad de los folículos del cabello qué causa que las personas pierdan parches bien definidos de cabello. Esta condición se puede presentar cuando se pierden parches pequeños de cabello o, en su manifestación severa, como la calvicie total por todo el cuerpo.[2]

Autores Marion Mathews y Renske Mann declaran en su libro, *Magia de Cabello* (Hair Magic),

> De un punto de vista completamente funcional, el cabello es un recurso inmensamente valioso. Está presente en casi todos los animales de sangre caliente y su propósito es prevenir la pérdida de calor del cuerpo y de mantener una temperatura igual en la parte del cuerpo donde el cabello

crece. El cabello cubre el cráneo contra los rayos ardientes del sol y a una magnitud limitada es un cojín de protección contra golpes y el riesgo de rasguños y abrasions.[3]

En Julio de 1927 en la revista de *Hygeia*, autores E W. Cregor y E M. Gastineau escriben en su artículo, "Cabello—Gloria de Mujer y la Desesperación de Hombre" (Hair—Woman's Glory and Man's Despair), "se cree que el cabello sirve al hombre como un preservador de calor y un techado proteccionista para los animales que [tienen piel] como un órgano que se tienta." El artículo continúa declarando que la creencia de Hilkiah Crooke, médico y profesor de anatomía a Su Majestad James 1, en 1618, "que una gran oficio de los vellos de la cabeza era conducir fuera los vapores que por otra parte ahogarían, y harían humeante a el cerebro."[4] ¡Él no menciona qué tan desvalido y estrangulado estaría el cerebro si uno fuera calvo!

El cabello puede revelar mucho sobre nosotros, especialmente nuestra condición física. A través del análisis de cabello, doctores pueden descubrir falta de vitaminas y proteína. El cabello y su condición también puede indicar condiciones de tiroideas, anemia, enfermedades vasculares del colágeno como lupus, infecciones e infestations, incluso el SIDA.[5]

Los Hechos Divertidos

El cabello es inmensamente durable incluso después de tres mil años. Cuando la momia del Rey Ramses II quién reinó de 1279 a 1212 AC se encontró en 1881, los expertos estaban sorprendidos en lo bien qué se conservo el cuerpo del rey. Con el examen íntimo, los científicos determinaron que el cabello del rey debe haber estado teñido con la alheña (henna). El Rey Ramses II tenía 3,260 años, y cabello rojo increíblemente todavía estaba pegado a su cráneo.

Mi Cabello, Mi Gloria

También se excavaron muchas otras momias reales como la Reina Tiy, la abuela de Tutankhamun. Cuando Egiptologías encontraron el escondite de los reyes en 1898, ellos notaron que su cabello no había deteriorado durante el curso de tiempo.[6]

El 16 de Marzo de 1995, yo oí un programa de noticias por la radio en la estación KGO del difunto Dwayne Gerritt el dijo que el cabello de Napoleón Bonaparte se vendió a una subasta (auction) por $6,000. El organizador de programa de entrevistas no menciono lo que estaban planeando hacer con el cabello. Parece una pérdida de dinero.

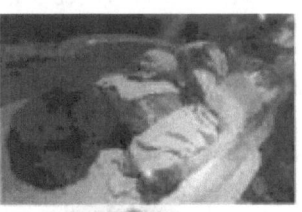

Simplemente por diversión yo decidí mirar en el *Libro de Guinness de Archivos Mundiales* (Guinness Book of World Records) para ver quién tenía el cabello más largo en el mundo. Una señorita por el nombre de Diane Witt de Worcester, Massachusetts, sostiene el registro del cabello más largo del mundo.[7]

Rey Ramses II y Reina Tiy

Cuando yo verifiqué el libro deGuinness en Marzo de 1993, su cabello medía 12 pies, 8 pulgadas. La última vez que se lo cortó fue en 1971. Crece a una velocidad de media pulgada por mes. Ella se toma por lo menos 4 horas para lavarlo, posiblemente más. Normalmente ella lo lleva en una trenza por encima de su cabeza y lo ata con dos horquillas.

Un día, yo decidí ver si la podría localizar. Yo quería preguntarle "por qué" ella guardaba su cabello largo y si pudiera obtener un retrato de su cabello para usarlo en este libro. Yo me preguntaba si seria por alguna convicción religiosa o no. Le dejé dos mensajes en su teléfono.

Finalmente, una noche ella devolvió mi llamada. Las dos hablamos durante aproximadamente 30 minutos; sin embargo, ella no estaba a libertad de contestar mis preguntas. Ella comento que munchas personas (es decir Donahue y otros organizadores de programas de entrevistas) estaban queriendo conseguir una entrevista con ella pero debido a las circunstancias ella no se habia comprometido con nadie. La Señorita Witt dijo que su cabello ha alcanzado 13 pies a partir de Junio de 1995.

La bendición de todo eso fue que yo conseguí explicarle la razón por la cual yo estaba escribiendo este libro, compartí las Escrituras en 1 Corintios 11:14-15, y le dige brevemente mi testimonio. Quizás un día cuando ella sea pública yo pueda preguntarle muchas preguntas incluso: "¡Cómo te gustaría venir algún día a la iglesia conmigo para sentir la presencia del Señor?!"

Un Cabello es un Cabello

Cada cabello con otros forma un gran numero de cabellos. Un solo cuero cabelludo (scalp) humano saludable cubre un área de aproximadamente 130 pulgadas cuadradas con un número promedio de 100,000 cabellos, pero hay variaciones extensas de esta figura.[8] Las Rubias tienen tanto como 140,000 cabellos, cuando por el

Mi Cabello, Mi Gloria

contrario las Pelirrojas tienen menos de 90,000 cabellos en su cabeza; las de cabezacastaña tienen un promediar de 108,000 cabellos. Generalmente hablando, el cabello de hombres es más tosco que el de mujeres. Si nosotros tomamos una sección de un cabello derecho y lo magnificamos, nosotros vemos que es redondo en forma. El cabello Rizado es elíptico, mientras el cabello Negroide tiene forma de riñón y esta casi plano de un lado. El cabello de Orientales siempre es derecho y redondo en forma, y se proporciona bien con el aceite, por lo contrario en contraste, el cabello de Negro generalmente es seco. El cabello rubio tiene tendencia de a ser cabello fino, y el cabello rizado es tosco.[9] Químicamente, el cabello oscuro es diferente al cabello rubio tiene más carbono y menos oxígeno y azufre.[10]

"Personas con cabezas saludables, llenas de cabello no tienen más folículos de cabello que el actor, Yul Brynner," dice Jonathan Zizmo, MD, y John Foreman en su libro, *Supercabello: El Libro del Doctor de Cabello Bonito* (Superhair: The Doctor's Book of Beautiful Hair), "pero ellos han heredado mejores hormonas genéticamente que controlan la calidad y la cantidad de cabello en la cabeza y de el cuerpo.

. . . Las personas con el cabello especialmente espeso, exuberante también pueden tener lo siguiente: **1)** los niveles bajos de folículo-marchitando androgénico (el varón) las hormonas, y/o **2)** folículos que son resistente a los efectos de hormonas androgénicas por virtud de la herencia genética, y/o **3)** los niveles buenos de estrógeno (la hembra) los hormonas que naturalmente se oponen a los andrógenos, y/o **4)** largos y sostenidos ciclos de crecimiento."[11]

Zizmor y Foreman concluyen que "la calidad esencial de su cabello es predeterminada por su genealogía. Usted no puede cambian lo qué la naturaleza le dio, pero usted puede mejorar el cabello de su nacimiento cosméticamente."[12] Es un hecho triste que no todos nacimos con una cabeza de cabello bonito, simplemente, debido a lo que nosotros heredamos de nuestros padres. Pero con un poco de tiempo, oración y paciencia, nosotros podemos trabajar con lo que Dios nos dio. Aguante y no agarrares las tijeras si tu cabello no es tan lujoso como algunos. La sabiduría nos dice que trabajemos con lo que tenemos.

Yo puedo recordar cuando yo era una nueva creyente que yo fui tentada a pensar que mi cabello no era tan bonito como el de las otras mujeres. Lo que yo no sabía era que algunas de las señoras habían crecido su cabello durante . . . 10, 20, 30 años o más. El Señor dijo en San Lucas 21:19, **Con vuestra paciencia ganaréis vuestras almas.** Y nosotros necesitamos paciencia para seguir adelante, cuando nuestro cabello empiece a crecer siendo nuevos creyentes. Paciencia también se necesita cuando nosotros hemos conocido al Señor durante años y aun nos estamos esforzándonos a través de esos días de cabello malo (bad hair days).

Los factores unificadores que todos tipos de cabello tienen, se producen de embolsillas pequeñitas en la piel llamadas **folículos**. El folículo de cabello puede compararse a un 'factoría' con la parte industrial siendo la **papila**, con una base que parece bombilla. El pensar que la papila es una 'raíz' es un concepto erróneo. Incluso cuando un cabello se saca fuera, la papila se queda detrás y empieza la fabricación para reemplazar el cabello. La papila es rica en venas pequeñas de sangre.[13] Cada folículo de cabello se proporciona de uno o más glándulas sebáceas que producen el aceite natural para lubrificar el cabello. Es el aceite producido por estas glándulas le da al cabello brillo y opulencia.[14] El cabello quebradizo o seco padece de deficiencia de sebum, por lo contrario el cabello aceitoso puede ser resultado de exceso de sebum.[15]

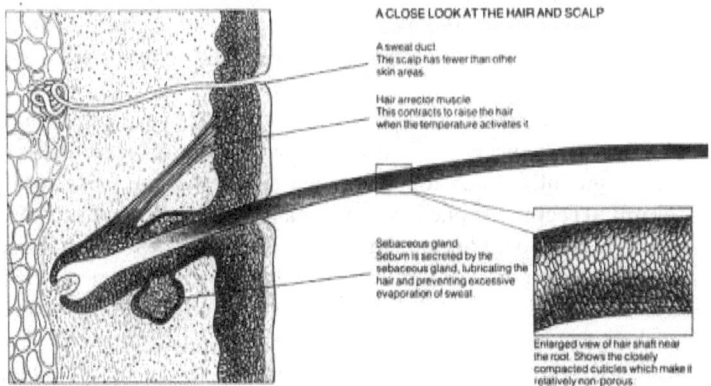

Una Mirada Íntima al Cabello y Cuero Cabelludo

A) Un conducto de sudor. El cuero cabelludo (scalp) tiene menos que otras áreas superficiales.
B) El músculo arrector del cabello. Este se acorta para levantar el cabello cuando la temperatura lo activa.
C) La glándula sebsaceous, lubrificando, el cabello y previniendo evaporación excesiva de sudor.
D) La vista magnificada del tallo del cabello cerca de la raíz. Muestra las cutículas estrechamente apretada esto la hace relativamente no-poroso.

El cabello sigue creciendo porque un tallo nuevo está surgiendo de la papila continuamente. Esto ocurre a una velocidad de aproximadamente una media pulgada por mes, en las personas saludables, mientras en personas de salud excepcional pueden crecer tanto como siete o nueve pulgadas por año.

El tallo de cabello consiste en tres capas: la capa exterior, llamada la **cutícula**; la segunda capa, llamada la **corteza**; y la más profundo capa, llamada la **medulla**. Cada folículo se ata también de un músculo especial, el **pili arrector**. Se puede ver muy claramente y dramáticamente los músculos de cabello en los gatos y perros, cuando temen o causan enojo esto causa que su piel se levante. En los humanos normalmente es una reacción al frío que causa que los músculos se acorten, nos da escalofrío y el cabello se nos levanta. El mismo efecto puede lograrse en los momentos de gran tensión a través de los hormonas del cuerpo. Nuestro cabello se levanta de punta con el miedo.

Por ejemplo, informes de la Segunda Guerra Mundial, cuentan de hombres espantados cuyo cabello se levanto por varios meses después de sus experiencias en las playas de Dunkerque. El doctor del ejército Británico, Señor Arthur Hurst, en su libro las *Enfermedades Médicas de Guerra, 1944* (Medical Diseases of War, 1944), describe casos similares en las trincheras de la Primera Guerra Mundial:

> Yo vi a varios hombres que habrían sufrido de los efectos de severa tensión emocional cuyo cabello se levanto permanentemente y no podía controlarse por medio de la grasa. En algunos casos yo tuve la oportunidad de comparar la apariencia suave de estos hombres cuando en la vida civil, y el cambio era muy notable. Un hombre que guardó su cabello estrechamente segado, dijo que su cabello lo recordaba la cerda de un erizo. . . . En algunos casos el cabello del cuerpo como el de la cabeza se quedo levantado de punta persistentemente.[16]

Mi Cabello, Mi Gloria

En el libro de Job, Elifaz declara, *Y al pasar un espíritu por delante de mi, hizo que se erizara el cabello de mi cuerpo* (Job 4:15). Cuando el conocido de Job se dio cuenta que un espíritu estaba cerca, él también, se asustó lo bastante para hacer que su cabello se levantara al extremo.

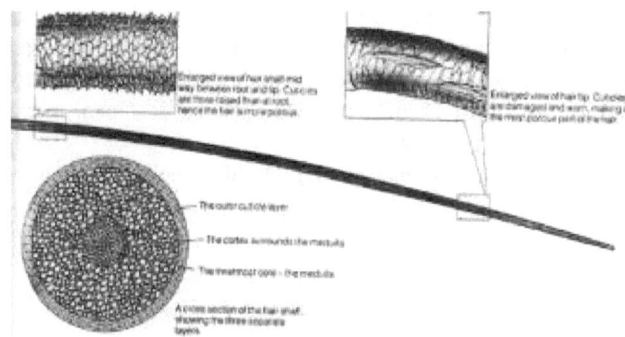

A) La vista magnificada de cabello a la mitad entre la raíz y punta. Las cutículas se levantan más que a la raíz. Por lo tanto el cabello es más poroso.
B) En la vista magnificada de la punta del cabello. Las cutículas se dañan y se desgastan, haciéndole la parte más porosa del cabello.
C) La capa de la cutícula exterior.
D) La corteza rodea la medulla.
E) El más profundo centro — la medulla.
F) Una sección cruzada del tallo de cabello, mostrando las tres capas separadas.

La cutícula se forma de cascaritas solapando, similar a los cascarones de peces o azulejos en un techo.[17] Si usted tiene un microscopio, encuentre un cabello que ha resultado en su cepillo, prepare una diapositiva húmeda agregue el cabello y instale bajo el microscopio vea los cáscaritas en la cutícula. Yo no me pude contener, yo tenía que verlo por si misma.

¡Yo descubrí que hay cáscaritas en mi cabello! Si usted quiere sentir la aspereza de la capa exterior, deduzca sus dedos a través del cabello, de la punta así al cuero cabelludo (scalp). Le dará una sensación de 'ir contracabello.' Como las uñas, la cutícula es transparente y no afecta el color del cabello. Cuando es peinado liso, el cabello parece suave y brillante pero cuando es peinado toscamente, el cabello puede ponerse deslustrado y áspero en la textura. El trato impropio del cabello y el uso de químicas ásperas en los tintes, los permanentes, y los champuses pueden causar que las capas de la cutícula se rasguen y se suelten. Cuando el cabello es grasiento, las cutículas se tapan, mientras dando una apariencia deslucida y muerta.[18]

En la corteza, la segunda capa del tallo de cabello es donde se encuentra la **melanina**, esta proporciona el color natural del cabello. La corteza incluye un gran número de fibras largas que le dan la fuerza y la flexibilidad a el cabello. Las fibras de la corteza se separan prontamente y aparecen ser mantenidas juntas por la cutícula. Enterrada dentro de numerosas fibras esta el **medulla**, la más profunda capa compuesta de tejido esponjoso celular. Dentro de la medulla hay muy pocas células productores de melanina que proporcionan el colon. En el cabello muy fino a menudo la medulla es ausente.[19]

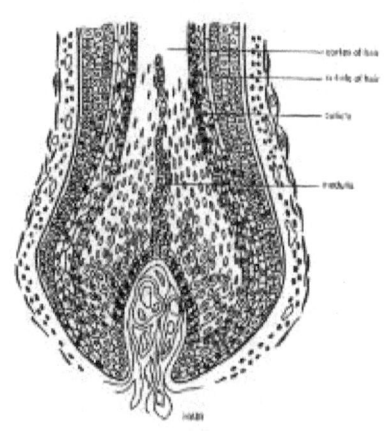

Una mirada larga del cabello—el cuadró

El Ciclo de Crecimiento de Cabello

El ciclo de crecimiento del cabello es natural pero aun misterioso y fenómeno puede describirse mas fácil que explicarse. Cada folículo es independiente de otros. En otras palabras, cada uno de los 100,000 vellos que nosotros tenemos es mutuamente exclusivo. Cada uno tiene un ciclo de tres partes de crecimiento y mudar. El proceso continua hasta que la vida del ciclo de cada cabello llega a su fin. Si no fuera por el ciclo simultáneo que ocurre juntamente de crecimiento-y-mudar entonces todos nosotros seríamos calvos de vez en cuando.[20]

Más especialistas de cabello dicen que las fases de crecimiento-de-cabello estan en un modelo mosaico. ¡Y agradecidamente, porque si el ciclo del crecimiento-y-mudar pasara de repente, se nos caería el cabello y de vez en cuando estaríamos calvos. . . sería una vista horrible! ¡Casi puedo verlo ahora, si alguien nos preguntara que si nosotros iríamos a la iglesia el domingo, nosotros contestaríamos, "No, no puedo porque yo estoy mudando!"

La manera que el Señor nos creó a las señoras (y hombres) es que nuestro cabello está creciendo continuamente en nuestra cabeza a cualquier momento dado. Para los hombres que han quedado calvos, los expertos dicen que que los folículos no se mueren simplemente quedan inactivos. La explicación médica actual para la calvicie es que las acumulaciones de hormonas androgénicas en la torrente de la sangre (bloodstream) de algún modo causa interrupción permanentemente de la continuación del ciclo de tres partes de crecimiento-y-mudar.[21]

La primera fase del ciclo de los tres partes se llama la fase de crecimiento o fase del **anagen**. Rico en los venas de sangres diminutas, la papila empieza la fabricación de amino ácidos que se sintetizan a proteína y continuamente alimentan la formación de células en la superficie exterior. Estas células son creadas continuamente debajo y empujón al las células más viejas así arriba, cuando suben, las células padecen diferencias estructural son diversamente formadas y forman un tallo de cabello. Después el último proceso de endurecimiento, llamado **queratination**, el tallo surge de la boca del folículo visiblemente como un cabello.²² Así como el hígado produce la bilis y su estómago produce los jugos digestivos, sus folículos producen la **queratina** que es la substancia de la proteína normalmente llamada **cabello.**²³

Si usted priva su torrente sanguíneo (bloodstream) de proteínas esenciales o calorías debido a una dieta inadecuada, sus folículos no producirán buen queratina.²⁴ Esto significa que su cabello no tiene suficiente nutrición para continuar creciendo.

Por otro lado aquéllos que comen sabiamente y hacen ejercicios causaran que su sangre fluía más rápidamente, esto producirá queratina más rica que estimula el crecimiento del cabello. Según la *Enciclopedia Grolier Multimedios* CD-ROM (Grolier Multimedia Encyclopedia CD-ROM), el "Cabello recibe su color de un pigmento llamado **melanina** que es hecho por las células llamadas **melanocytes** y es responsable por todos los colores de cabello de amarillo al negro. El cabello se pone gris cuando los melanocytes se mueren."²⁵ (Más sobre el cabello gris después.)

El porcentaje de promedio de crecimiento de un cabello humano durante la duración de la fase del anagen es cerca de un tercio de un milímetro por día. La longitud de la fase del anagen de cada folículo de cabello varía de una persona a otra, mientras durando normalmente de dos a seis años.²⁶

La próxima fase es la de transición o fase del catagen. Este ciclo es breve quizás durando sólo unas semanas. Durante este periodo los folículos de catagen lentamente terminan su metabolismo rápido, se arrugan, se contratan, y suspenden la producción de queratina. El encogimiento de catagen es una parte natural del ciclo del crecimiento-y-mudar que no puede ser detinido.²⁷

La fase final se llama telogen que ocurre cuando el folículo deja de encogerse. Éste es un periodo de descanso y animación suspendida en que el cabello no resulta inmediatamente sino se sienta en la bombilla del folículo totalmente contraída. La tiempo típico de la fase del telogen es cerca de de tres meses durante este tiempo el cabello descansará en el folículo hasta que se desaloje físicamente al cepillándolo o al lavarlo.²⁸ Normalmente nosotros perdemos un pormedio de 50 y 100 cabellos de la cabeza por día, y la vida de un cabello mide un promedio de seis años, es improbable que sean más y pueden ser tan pocos como dos años.[29]

Al contrario de la creencia frecuentemente sostenida, el afeitar, arreglar o cortar su cabello no acelera el crecimiento. Esto es simplemente un mito. ¿Cómo es possible hacer que el cabello cresca del tallo al cortar las puntas del cabello? El cabello crece de la cima no del fondo, por consiguiente, es una asunción falsa creer que cortar el cabello mensualmente lo hará crecer más rápido. Aunque no afeite, ni corte, ni jalle fuera su cabello tiene sólo un palmo de vida limitado antes de que se caiga naturalmente y sea reemplazado por un cabello nuevo.[30]

Esta información es útil para dispersar cualquier ansiedad particularmente cuando nosotros miramos montones de nuestra gloria en el fregadero o al fondo del desagüe en la bañera. Ahora nosotros no tendremos pánico porque nosotros sabemos que es un proceso normal del ciclo del crecimiento-y-mudar. Pero claro si usted todavía tiene sus dudas y piensa que puede ser algo más, vea a un profesional.

La Tentación del Cupable

Diferentes clases de cabello sufren de problemas típicos. Este libro no cubrirá los problemas de cabello seco, aceitoso, frágil, o deslustrando. Si usted tiene cualquiera de éstos problemas de cabello, puede estar seguro que hay muchos libros convenientes para ayudarle a descubrir las soluciones a estos problemas comúnes.

¿Cual es la tentación más grande del culpable para que usted se corte su cabello? Las puntas partidas (split-ends) son sin duda la razon mayor por la cual las señoras se cortan su cabello. Ellas quieren librarse de esas "puntas muertas" indeseables. Pero según los especialistas de cabello, nueve de cada diez casos de puntas partidas (split-ends) fueron causadas por se mismos. En los años '70, nosotros les llamabamos cabello "crespo" (frizzy).

"Aunque el cabello crespo (frizzy) quizá constituya la queja más común del cabello," dice Zizmor y Foreman, "que la verdad médica sobre esto es que prácticamente nadie nació con cabello crespo. En casi todos los casos el cabello crespo (frizzy) fue causado inconscientemente por las personas que dañaron su propio cabello y las cutículas que protegen el cabello, mientras permitiendo que la estructuras interna más suave del cabello en efecto se desenredara. . . . Pacientes con el cabello severamente crespo se quejan a menudo, 'yo no puedo entenderlo. Yo hago tanto por mi cabello.' Por supuesto, el tratamiento en exceso, normalmente puede ser la fuente del problema."[31]

Una de las causas mayores de puntas partidas (split-ends) es el tratamiento de tintes químicos, blanqueo y permanentes. En algunas cabezas las cutículas del cabello podran tolerar el peróxido en los tintes y blanqueos a diferentes grados, pero todos los tratamientos químicos dañarán la cutícula inevitablemente. Una cutícula rota arruinada no sólo causara las puntas partidas (split-ends) pero también hará al cabello deslustre y difícil de manejar. La peor situación para el cabello es que lo tiñe y le aplica permanente a la misma vez. En algunos casos podría dañar el cabello inmensamente.

**La Primera Máquina de Permanente usada
En los años '30s**

La manipulación excesiva es otra causa mayor de puntas partidas (split-ends). A todos nos gusta el cabello bien peinado, pero tratamientos de más, cepillar de más, cepillos demasiado pesados con las cerdas afiladas, o el uso excesivo y descuidado de rizos de cepillo todos pueden dañar la cutícula o incluso deformar el cabello.

Demasiado calor es otro culpable en la batalla contra el cabello saludable. Los rizos calientes, hierros calientes de rizar (curling iron), secadores de cabello y tratamientos de aceite calientes son todos de acuerdo en moderación, pero con el uso, sobre todo de sopladores o secadores de cabello (blow dryers) puede chamuscar la cutícula literalmente. Cuando la cutícula se debilita, el tallo del cabello inevitablemente se rajara.[32] Las puntas partidas (split-ends) hacen que su cabello aparezca feo según algunos. Pero para nosotras esas puntas son sagradas.

El Señor sabe lo importante que es un buen peinado para nosotras las señoras. Sin embargo, algunas mujeres se sobresalen. Desgraciadamente, ellas envuelven su autoestima alrededor la apariencia de su cabello como envolver un pedazo de cabello alrededor de un rizo. Usted no debe hacer eso. Puede ser peligroso. La autoestima por la definición es "opinión buena de a sí mismo" o "satisfacción con sí mismo." La Biblia nos advierte en Romanos 12:3: ***Digo, pues, por la gracia que me es dada, a cada cual que está entre vosotros, que no tenga más alto concepto de sí que el debe tener. . . .***

La autoestima sólo puede venir de saber que nosotros somos salvos y santificados así a Jesucristo. La mayoría de las mujeres no tiene problema en pensar más favorablemente de sí mismas, pero el problema real esta en aceptar lo que Dios les ha dado. Y es verdad, los estilos de cabello pueden "hacemos o pueden rompemos" pero no debe ser al precio de sacrificar nuestra convicción de obedecer la Palabra de Dios.

El punto de todo esto es que cortar las puntas partidas (split-ends) no es una solución curatodo, pero teniendo cuidado del su cabello si es. Usted debe intentar eliminar las prácticas abusivas que al menos, detenga el desarrollo de puntas partidas (split-ends). Use el secador de cabello y rizos en moderación. Con esto yo quiero decir permita que su cabello tenga un descanso de los peinados rigurosos.

Mi Cabello, Mi Gloria

Nosotros podemos estar agradecidos que nosotros no vivimos en los tiempos medieval o Renacimiento. Muchas de las mujeres de ese tiempo nutrieron su cabello con todos tipos de medicaciones y yerbas. Cuando eso no trabajó ellas aplicaban la piel de una sanguijuela (leech) muerta a su cuero cabelludo (scalp), ellas creían que era beneficioso y les daria una apariencia saludable.[33] Ahora en día es mucho más simple. "Mientras el cabello puede sobrevivir, no siempre crece," dice *La Enciclopedia de Ann Landers*. Ella continúa diciendo;

> El abuso que sufre una cabeza de cabello es increíble. Antes de que empiece caerse y aparezcan las puntas partidas (split-ends), algo debe hacerse para que la mujer no pierda su gloria de coronamiento (cabello). Cabello bonito empieza con buena salud. Necesita cuidado amoroso y protección. Lo qué usted no sabe sobre el cuidado de cabello puede herirlo. Lo qué usted sabe puede significar la diferencia entre tener una melena magnífica y un trapeador deslustrado, que usted querrá cubrir con una bufanda o un turbante, cuando usted desea mirarse de lo mejor.[34]

Las soluciones para tener cabello saludable son fáciles. En primer lugar, sea paciente y tranquilícese. Segundo, sea amable con su cabello y sea sensato. Ya que nosotras las señoras no gastamos mucho dinero en cosméticoses, yo le animo usar el dinero para comprar algunos productos buenos de champú, no el que esta en las tiendas de descuento o supermercados. Compre los productos de una tienda de provisión de belleza. Yo he encontrado que cuando yo entro en esas tiendas y les explico que yo no corto mi cabello y necesito un champú que reviva la proteína de queratina natural encontrado en mí cabello, ellos saben exactamente de lo que estoy hablando y están dispuestos ayudarme.

Yo odio decirlo, pero durante años yo pensaba que esas personas que trabajan en los salones eran así como lobos hambrientos que estaban esperando cortar mi cabello. Así que yo nunca entraba dentro de aquéllos lugares de belleza. Pero entonces, mi cuero cabelludo (scalp) consiguió secarse y secarse, hasta que yo desesperadamente necesite su ayuda. El champú que yo estaba usando me estaba secando terriblemente mi cuero cabelludo (scalp). Las señoras con las que hable fueron una ayuda muy grande. Ahora yo uso el champú correcto, mi cuero cabelludo (scalp) se ve mucho más saludable y mi cabello se ha vuelto dos veces mas espeso. Si paga el averiguar y pedir ayuda.

Yo oí una historia cómica por la radio en el programa del Dr. Dobson un día. Una señora estaba hablando, ella dijo que un día ella estaba desesperada para que alguien le ayudara con su cabello. Quizás fue dañado; yo realmente no sé. Esta señora entró a un salón de belleza y le suplico al peluquero que hiciera algo con su cabello. Cuando ella se sento en la silla lista para su corte de cabello, ella de nuevo le suplico que le ayudara. ¡El peluquero dijo, "Mire dulzura, éste es un peine, no una vara mágica!"

Algunas Soluciones Simples

Algunas soluciones simples que yo he encontrado son: antes de que usted lave su cabello, preferiblemente peínese fuera los enredos con un peine de madera (para reducir la estática), empezando en los extremos de su cabello, hasta la cima. Cuando usted lave su cabello, dé masaje al cuero cabelludo (scalp) suavemente durante 5 minutos. Esto estimula los folículos de cabello. Evite fregar su cuero cabelludo (scalp)

como lo hace un hombre con su cabello corto, probablemente usted conseguirá muchos enredos.* Si su cabello es gris, no use cualquier champú de colores verdes y ámbar. Estos tienen mucho tinte rojo y amarillo, y su cabello gris se volverá amarillo. Use un champú de color claro o blanco; no use champú colorido azul o lavanda.*

Propiamente condicione su cabello, es decir, aplique el acondicionador al cabello del cuello así abajo, y usa una cantidad pequeña en el cuero cabelludo (scalp) para evitar acondicionar excesivamente. Si usted enjuaga su cabello con el agua más fría que usted puede resistir, dejará su cabello brillante.* Nunca cepille el cabello cuando Use un champú de color claro o blanco; no use champú colorido azul o lavanda.*

Propiamente condicione su cabello, es decir, aplique el acondicionador al cabello del cuello así abajo, y usa una cantidad pequeña en el cuero cabelludo (scalp) para evitar acondicionar excesivamente. Si usted enjuaga su cabello con el agua más fría que usted puede resistir, dejará su cabello brillante.* Nunca cepille el cabello cuando está húmedo; use un peine de diente ancho. Aplique el gel de moda (styling gel) antes de que usted seque su cabello. Esto guardara el rizo mucho más tiempo. Un amiga que tiene el cabello a sus terneros (el modelo a la dereche de la cubierta de este libro) me dijo que usara una gel (styling gel) llamada "Simplemente Cabello Largo" por la Corporation de Roberts ("Just Long Hair" by the Roberts Corporation). Este acondicionador de gel (styling gel) que no se enjuaga le ayuda a las puntas de su cabello a no que- brarse fácilmente y funciona muy bien. Y su crema de desenredo también ayuda a eliminar el daño al cabello. Estos productos son explícitamente hechos para las señoras con cabello largo.

Los días de peinarse su cabello 100 veces han terminado; 25 veces en un día solamente es suficiente. Más puede causar que su cabello se quiebre o se ponga aceitoso. Use un cepillo suave de cerdajabalí (soft boar-bristle brush).* Yo apenas compré un cepillo del remo con las cerdas de jabalí. Funciona muy bien, y mi cuero cabelludo (scalp) se siente maravilloso cuando me cepillo mi cabello largo. No use un rocío de cabello (hair spray) barato pero un rocío de cabello (hair spray) que acondicionara y no perjudicara su cabello. Si usted ha tenido un peinado

Mi Cabello, Mi Gloria

durante una semana y hay mucho rocío (hair spray) en su cabello, enjuagúelo primero con agua muy caliente, aplique el acondicionador primero, peínese fuera los enredos, entonces proceda a lavar su cabello.* Esto reducirá la rotura de cabello rociado enredado o peinados con muncho roció (hair spray), cabello esponjado (puffs), y cabello peindado así atras (back fluffs).

Usted se sorprenderá en la diferencia de resultados cuando usted le da un poco de tiempo extra a su cabello. Después de todo, ésta es su gloria de coronamiento (cabello). Así como Nona Freeman dijo una vez, "no maldiga su cabello; sea agradecido y bendígalo en el nombre de Jesús." Recuerden, señoras, sobre todo el resto, ore y le pide al Señor que le dé sabiduría para tratar a su cabello ligeramente y suavemente.

Algunos puntos acerca del cuidado del cabello departe de Sharon Grider, una peluquera Pentecostés quien usted conocerá en el Capítulo10, el último capítulo de este libro.

El Cabello Gris: ¿Honor Doble o Problema Doble?

El Señor nos promete que Él nos llevará acabo cuando nosotros seamos viejos. Dice en el libro de Isaías 46:4: *Y hasta la vejez yo mismo, y hasta las canas os soportaré yo; yo hice, yo llevaré, yo soportaré y guardaré.*

Tarde or temprano, la vejez y el cabello gris viene a todos nosotros, y a veces con estas preguntas confusas: ¿Qué vamos hacer con el gris cuando este aquí? ¿Vamos aceptarlo airosamente o entrar en el rechazo e intentar cubrirlo? ¿Qué dice la Biblia sobre el cabello gris? ¿Si es tan glorioso, por qué las personas lo tiñen?

El libro de Proverbios 16:31 declara, **Corona de honra es la vejez que se halla en el camino de justicia.** Muchas personas tienen cabello canoso o gris en su cabeza, pero ellos no están caminando en la rectitud. Así que la corona del pecador se arruina y se vuelve una corona puesta en el polvo. . . pero si una persona se encuentra viviendo virtuosamente, el cabello gris es una gloria para ellos. El cabello blanco o gris es el símbolo de honor o autoridad con un titulo de respeto.

El cabello gris se declara de nuevo en Proverbios 20:29, *La gloria de los jóvenes es su fuerza, y la hermosura de los ancianos es su vejez*. La Palabra de Dios dice que el cabello gris es hermoso, y aquellos que lo tienen son *dignos de doble honor, mayormente los que trabajan en predicar y enseñar* (1 Timoteo 5:17).

Yo recuerdo las enseñanzas que recibí acerca del respeto, así a los mayores cuando era niña. Los ocho años que yo fui a la escuela parroquial, nosotros tendríamos que estar de pie y saludar al principio o maestro cuando ellos entraban en la clase, mientras cantando "Buenos días, Madre Gemma." Hoy, si usted entra en una sala de tribunal se les exige a todas las personas presente estar de pie en honor del juez que entra a la sala de tribunal. Esto muestra el respeto para la autoridad.

Quizá el refrán "Respeta sus mayores" viene de la enseñanza del Testamento Viejo encontrado en Levítico 19:32, *Delante de las canas te levantarás, y honrarás el rostro del anciano, y de tu Dios tendrás temor. Yo Jehová*. Ésta es una lección al joven para mostrar el respeto así al anciano. Los judíos fueron enseñados por Dios a considerarlos favorablemente. Aquéllos quienes Dios han bendecido con larga vida deben tener honor mostrado asi a ellos. El piadoso y el sabio son dignos de honor doble. Por consiguiente debemos adherir a modales buenos y respetar a nuestros mayores. Después de todo, eso es lo que enseña la Palabra de Dios.

> Clement de Alejandro declaró en su carta, *El Instructor*: Y sobre todo, la vejez que concilia la confianza, no debe ser ocultada. Pero la marca de Dios de honor será mostrada en la luz del día, para ganar la reverencia del joven. Pero a veces, cuando ellos se han comportado vergonzosamente, la apariencia del cabello canoso, llega como un instructor, los cambia a la sobriedad, y paraliza la lujuria juvenil con el esplendor de la visión del cabello gris.[35]

El cabello gris es una señal normal de envejecer que típicamente se presenta en la cuarta década de nuestras vidas. Pero una persona puede heredar un gen (gene) que causa el gris prematuramente. Hay también condiciones médicas que causan el gris. Si a usted le hace falta la vitamina B-12 o vitamina D, usted puede tener un complexion amarillenta y su cabello puede estar gris. Otra condición es la enfermedad tiroidea que causa el gris prematuro. Algunos experimentan encaneciendo excesivo cuando han pasado por eventos traumáticos en su vida. Aunque raro, hay casos en que el cabello de las personas queda "blanco de la noche al manana." Estas personas experimentan esto como resultado de un trauma emocional o el susto físico y quizás en la necesidad de atención profesional.[36]

Aunque el cabello blanco a veces es rico en fosfato, el cabello gris se siente más tosco que el cabello de color.[37] Esto normalmente se debe a la sequedad y el declive de las secreciones de aceite natural del cuero cabelludo (scalp) que acompañan la vejez.[38] Lo deslustrado puede curarse simplemente al agregar algún acondicionador para rellenar aceites naturales.

¿Qué es el cabello gris? El cabello gris es el proceso de descoloramiento en la producción de cabello. El colorido que reside en el cabello no destiñe. Incluso cuando el cabello está alejado de la cabeza, el cabello guarda su color por centenares de años, por lo tanto no es correcto pensar que el cabello se esta descolorando.[39]

¿Por qué el cabello se pone gris? Encanecimiento ocurre cuando el cuerpo reduce la velocidad y en cambio reduce la producción de pigmentación colorida en el folículo de cabello. Es la falta de depósitos de melanina (los agentes colorantes) qué se forma en la corteza (el centro) del cabello abajo en la base del folículo y alrededor de la papila.

Cuando nosotros envejecemos, pasamos por tiempos de tensión, falta de dieta apropiada y vitaminas, perduramos enfermedad pero con tiempo, las células del cabello son menos y menos activas. Las células tienen todo lo esencial para producir un cabello. Las células empujan el cabello por la boca del folículo, en cierto sentido, sólo se completa en parte. El melanocytes (productores de células melanina) se mueve lentamente y con el tiempo se muere, mientras enviando así afuera un cabello que no tiene ningún color.

El término "gris" realmente no es el término apropiado para el cabello. "Blanco" lo describe bien porque "blanco es la ausencia de color." El cabello gris tiene la ausencia de color. Nosotros sólo lo llamamos gris porque se mira de esa manera contra los otros colores en nuestro cabello.

Según Dr. Léon Augustas Hausman, un profesor de Zoología, la Universidad de Rutgers (Rutgers University), escribe en su artículo "Por qué el Cabello se pone Gris" (Why Hair turns Grey) que fue imprimido en el *Americano Científico* (Scientific American), el 1925 de Septiembre,

> Después de que el cabello deja la superficie a su papila. . . al salir a la piel, es prácticamente una estructura muerta. Ésta cosa es importante recordar. La unica conexión que tiene el cabello con el cuerpo es que está arraigado en el cuero cabelludo (scalp). No tiene ninguna conexión orgánica con el cuerpo. El cabello no tiene nervios ni venas de sangres encontrados en él. ¿Qué significa esto? que el cabello no tiene ningún cambio después de que deja la superficie de la piel . . . por lo tanto, después de que ha crecido fuera más allá de la superficie de la piel, el cabello no puede cambiar su color, a lo igual que los vestidos exteriores que usted usa no se pueden cambiar de color.[40]

"Nadie sabe por qué lo (encaneciendo) pasa," dice Tony Ray y Angela Hynes en su libro, *El Libro de Belleza de Plata/Gris* (The Silver/Grey Beauty Book), "a partir de hoy no hay ninguna manera de detener el cabello de volverse plata, cuando su reloj (heredado) de tiempo empieza a marcar."[41]

De esa manera el Señor nos deja saber que nosotros tenemos sólo unos años en esta tierra para hacer Su voluntad. Si nosotros nos andamos de una manera incierta a través de las décadas, nuestro cabello gris nos recordara que nuestro tiempo es corto. Nada es permanente. Nosotros necesitamos seguir adelante y hacer algo para Dios y no desperdiciar los años.

Para muchos, sin embargo, es tiempo para pegar el botón de pánico cuando el cabello gris se estrena o hace su primera aparición. Porque el cabello gris empieza a la edad cuarenta años, muchos pasan por lo que los psicólogos llaman la "crisis-de-media-vida." Pero los científicos nos dicen que el proceso de envejecimiento no puede detenerse. Con el cabello gris viene la necesidad de anteojos para leer, la vitalidad declive, dolores y dolencias del cuerpo y los niños que se van del nido. No hay nada que nosotros podemos hacer sobre él, pero aun muchos tienen pánico, y retroceden o entran en la depresión.

En la *Obra de Josephus*, "Las Antigüedades de los Judíos" (The Antiquities of the Jews), él declara: "Herod se desesperó por vivir más largo tiempo; y para cubrir su gran edad, él tiñó su cabello negro, él quería ocultar les lo que descubriría cuántos años tenía. . . ."[42] Jesús supo que Herod tiñó su cabello y quizás por eso Él hizo la referencia a cambiar el color de cabello cuando Él estaba hablando sobre los juramentos durante el Sermón del Monte.

Jesús dijo en San Mateo 5:36, *Ni por tu cabeza jurarás, porque no puedes hacer blanco o negro un solo cabello*. Un juramento garantizó la fidelidad de las personas participando. Los rabinos enseñaron que los juramentos que omitieron el nombre de Dios pudían romperse y no eran obligatorios. Ellos basaron esta creencia en el tercer mandamiento, mientras creyendo que el testimonio falso consistia de tomar el nombre de Dios en vano, y esto produciría consecuencias severas. Pero Jesús mantuvo en este pasaje de Escritura que Dios está en el cielo, en la tierra, en Jerusalén, y en todo lugar.[43] Nuestro "sí" debe ser "sí" y nuestro "no" debe ser "no." Así, nosotros debemos caminar en completa honestidad.

¿Qué tiene que ver todo esto con el cabello gris envejecido, la honestidad completa, y el cabello tinte? Jesús dijo que nosotros no podríamos hacer un cabello blanco o negro. Nosotros de por sí mismos no tenemos el poder para cambiar el color de nuestro cabello. Pero a través de los años, millones han cambiado el color de su cabello usando medios artificiales, y muchos se han lastimado así mismos. Los tintes que ellos usaron eran muy tóxicos y perjudiciales. Nosotros oímos la advertencia contra el uso de tintes tóxicos por Tertulian en su letra, *La Apelación de Mujeres* (On Appeal of Women):

> Entre más se intenta ocultar la vejez, mas notable va ser. Aquí hay una verdadera eternidad, en la juventud (perenne) de ¡su cabeza! Aquí nosotros tenemos "incorruptibilidad" que nos "pondremos" con la vista puesta así a la nueva casa del Señor que la monarquía divina ¡promete! Bien se mueve rapidamente hacia al Señor: ¡bien se acelere para dejar este mundo inicuo a quien le es feo acercarse a (su propio) fin![44]

Los griegos antiguos, preocupados con la restauración de color a su cabello encanecido creían que la aplicación de los huevos de un cuervo sería eficaz. Ellos creyeron que los huevos de cuervo tenian tanta fuerza para el teñido de cabello negro que cualquiera que se sometía al proceso guardaba su boca llena de aceite, para que sus dientes no fueran teñendos de negro en el proceso.[45]

De nuevo, Clement de Alejandría tuvo esto que decir sobre el cabello tinte en la carta, *El Instructor*, "Consecuentemente, el cabello no debe ser teñido, ni el cabello gris sera cambiado de color."[46] No obstante las personas se resistieron. "El Romano naturalista del primer siglo, Pliny el Mayor," dice Charles Panati en los *Orígenes Extraordinarios de Cosas Cotidianas* (Extraordinary Origins of Everyday Things), "escribió cándidamente de la importancia de tintes de cabello oscuros. Un tinte negro preferido se produjo hirviendo cáscaras de la nuez y puerros (leeks). Pero para prevenir encaneciendo en el primer lugar, se les aconsejaba a los hombres que prepararan una pasta de hierbas y gusanos de la tierra, y que la llevaran puesta toda la noche. El antídoto Romano para la calvice era un ungüento de mirto aplastado, fruto y grasa de oso."[47]

La mujer del siglo viente en los días del cabello meneado (bobbed) aumentó el uso de cosméticoses y tintes de cabello. Pero en Febrero de 1928, había un artículo en la *Revista Buenos Quehaceres Domésticos* (Good Housekeeping Magazine) titulada "¿Me Teñiré Mi

Cabello?" (Shall I Dye My Hair?). El autor un médico dijo que los tintes que se usaban eran inherentemente peligrosos conteniendo venenos tóxicos. Las Autoridades de la Salud de la Cuidad de Nueva York escribieran una enmendadura al código sanitario de la ciudad en 1926, prohibiendo el uso de "tiñe de cabello nocivo y cosméticos."[48] También, Harding declaro,

> El cabello que se ha encanecido, nunca debe teñirse. El cabello teñido le da una mirada dura a la cara, y si hay una cosa que una cara envejecida necesita es una mirada suave. El cabello gris es bonito en su propio color y su propio derecho, la madurez es hermosa, si se lleva hermosamente. Algunas de las mujeres más notables son las mujeres con cabello gris prematuro que han tenido el buen gusto de aprovechar lo que algunos llaman desdicha. Ellas se ven tan dignificadas y encantadoras como las señoras de la corte del siglo decimoctavo. El cabello gris hace resaltar todos los tonos delicados de la piel. Es muy notable, es bonito, nunca es evidentemente artificial, como el cabello teñido casi siempre es.[49]

Incluso las revistas de belleza de hoy estan empezando a no teñir su cabello gris. Ray y Hynes declaran:

> Yo conozco a algunas mujeres afortunadas cuya plata crece en las rayas bonitas encima de sus orejas o en medio de la frente. ¿Por qué querría cualquiera cubrir ese rasgo distintivo y enormemente atractivo? Cuando su cabello está más de uncuarto plata, yo recomiendo que usted no intente enmascararlo. Su piel normalmente se pone más pálida mientras su cabello se pone más claro. El color de su cabello original puede mirarse demasiado oscuro o puede tener un

efecto de cabello "teñido." Empiece a disfrutar su plata, y esta orgullosa de lo que la declara una mujer madura. Recuerde, que los juvenes no son los únicos notables en el pueblo.[50]

Un punto que traen a luz Zizmor y Foreman es que cambiar el color de su cabello "no cambiará su vida, ni le hará lo que usted no es. Y si es una cuestión de líberarse del gris, quizás usted debe preguntarse si usted realmente no se ve más atractivo con el gris."[51]

Principalmente, me gusta lo que Bernard declara en su libro, la *Santidad Práctica* (Practical Holiness),

> El Christian debe estar satisfecho con la manera que Dios lo a hecho. . . . Todo lo que Dios crea es bueno, y nosotros no debemos intentar alterar la apariencia natural, que Dios nos a dado, usando maquillaje o color falso para la cara, tiñes de cabello falsos, pestañas falsas, cabello falso o pelucas. ¿Qué está la problema con el cutis y cabello son heredados? ¿Por qué nos avergonzamos de lo que nosotros somos? ¿Por qué basamos nuestra identidad en el hombre exterior? ¿Por qué se evalúa la auto-valoración basado en la appariencia física?[52]

Nosotros no debemos estar avergonzados del cutis y cabello que Dios nos permitió heredar. En lugar de empujar el botón de pánico, nosotros debemos resistir la tentación de correr y escondernos, pero al contrario debemos aceptar quiénes somos en Cristo Jesus. No luchemos contra la naturaleza; abrácela como un regalo de Dios y délo gracias por él. Si hay algo realmente feo en nuestro cuerpo, ore y le pide al Señor que le dé la gracia para superar.

Bill Gothard dijo, "Nuestra felicidad no depende de nuestra belleza exterior pero de nuestra habilidad de experimentar el carácter del Señor Jesús. . . si es necesario, Dios sacrifica la belleza exterior para desarrollar las calidades interiores, ya que nuestra felicidad es basado en tener estas calidades."[53]

Nuestro mejor recuerdo se encuentra en la Palabra de Dios, 1 San Pedro 2:9, *Mas vosotros sois linage escogido, real sacerdocio, nación santa, pueblo adquirido por Dios, para que anunciéis las virtudes de aquel que os llamó de las tinieblas a su luz admirable.*

Notas Finales

1. Cooper, 23.
2. Neil S. Sadick, MD, and Donald Charles Richardson, *Your Hair: Helping to Keep It* (New York: Consumer Reports Books, 1992), 3-4
3. Marion Mathews and Renske Mann, *Hair Magic* (New York: Arco Publishing, Inc., 1984), 17
4. F. W. Cregor and F. M. Gastineau, "Hair–Woman's Glory and Man's Despair," *Hygeia*, July 1927.
5. Sadick and Richardson, 4.
6. Putnam, 36.
7. David A. Boehm (ed.), "Longest Hair," *Guinness Book of World*
8. Cooper, 24.
9. Mathews and Mann, 16-17.
10. Cregor and Gastineau.
11. Jonathan Zizmor, MD, and John Foreman, *Superhair: The Doctor's Book of Beautiful Hair* (New York: Berkley, 1978), 14
12. Ibid.
13. Mathews and Mann, 16.
14. Cooper, 24.
15. Matthews and Mann, 16.
16. Cooper, 24.
17. Matthews and Mann, 16.
18. Ibid.
19. Ibid.
20. Zizmor and Foreman, 14.
21. Ibid., 15.
22. Cooper, 23.

23. Zizmor and Foreman, 13.
24. Ibid., 14.
25. "Human Hair Growth," *Grolier Multimedia Encyclopedia*.
26. Zizmor and Foreman, 17.
27. Ibid., 18.
28. Ibid.
29. Cooper, 28.
30. Ibid.
31. Zizmor and Foreman, 29.
32. Ibid.
33. Smithsonian Institution, 10.
34. *Ann Landers Encyclopedia* (New York: Doubleday, 1978), 522.
35. Clement of Alexandria, vol. 2, 286.
36. Zizmor and Foreman, 77
37. Cregor and Gastineau.
38. Zizmor and Foreman, 77.
39. Cooper, 31.
40. Leon Augustus Hausman, PhD, "Why Hair Turns Grey," *Scientific American*, September 1925, 307
41. Tony Ray and Angela Hynes, *The Silver/Gray Beauty Book* (New York: Rawson Associates, 1987), 10
42. "The Antiquities of the Jews," *The Works of Josephus*, William Whitson, A.M., (trans.) (Hendrickson, 187), 440
43. Criswell, study notes 1114.
44. Tertullian, "On Apparel of Women," vol. 4, 21-22.
45. Goodman, 253.
46. Clement of Alexandria, vol. 2, 286.
47. Charles Panati, "Hair Styling: 1500 BC Assyria," *Extraordinary Origins of Everyday Things* (New York: Harper & Row, 1987), 232
48. Corson, 616.
49. Harding, 164.
50. Ray and Hynes, 10-11.
51. Zizmor and Foreman, 77.
52. Bernard, 162
53. "H." and "I.," Institute in Basic Youth Conflicts, textbook, 15-16.

9 - La Criminología y el Studio de Cabello

Yo no sabía que el cabello humano tenía tanta importancia para el criminólogo y el científico forense. Cuando yo leí el material de mi investigación me encontré algunos hechos interesantes que declararon el papel vital que proporciona el cabello en contrado en la escena de un crimen. Para averiguar si era verdad un día yo hable con un vecino que durante años fue policía en el departamento de homicidio. Yo le pregunté si era verdad que el cabello era un factor importante si fuese encontrado en la escena de un crimen. El policía Santos dijo que era "verdad" porque el cabello era bueno o mejor que la sangre o las huellas digitales.

Los científicos pueden leer el ADN (DNA) de la bombilla del cabello y realmente podran ver la diferencia entre mi y cualquier otra persona. Eso fue lo suficiente para cautivar mi interés; entonces yo decidí investigar más extensamente, el cabello y la criminología. Yo encontré un montón de información intrigante. Debido a la complejidad de la información, yo intenté simplificar el contexto lo más posible. Algunas partes de este material pueden ser gráficas para algunos. Use discreción.

Por un Cabello Rubio

Ahora nosotros venimos a una parte muy breve y aun fascinante del estudio del cabello. A lo largo de la historia, las personas han sido fascinados con el cabello. Sea un símbolo de dedicación religiosa o la condición (status) cultural, el cabello ha sido importante en muchas sociedades. Al otro lado del énfasis de la belleza, de una cabeza llena de cabello. "Las sociedades por mucho tiempo han afeitado (shaved) las cabezas de los prisioneros, traidores, u otros infractores de la ley, esto se consideraba una marca de vergüenza y castigo."[1] Un cabello encontrado en la escena de un crimen puede determinar quien es el culpable. En Limogos, Francia en 1935, un albañil, Pierre Bourget, fue identificado como el asesino de una señora soltera con sólo un cabello rubio encontrado en la escena del crimen.[2] El microscopio en el laboratorio del químico es una de las herramientas mejores que tiene un científico forense para descubrir de quien es el cabello. Es el arte veloz de descubrimiento que ayuda en la convicción de un sospechoso.

Un exámen microscópico de un cabello (la sección cruzada) en un laboratorio policíaco revelará las características que siguen; color, textura, espesura, apariencia, y el tipo de pigmento, todo esto ayudara en la clasificación. Los detalles qué produce alteraciones reconocibles como recientes cortes de cabello, cabello chamuscando, blanqueando, teñiendo, y permantes podran descubrirse. Se informa que la policía de Chicago tiene en su posesión los archivos de más de 150,000 variedades diferentes de cabello que han colectado de criminales.[3]

Del estudio de un pedazo de cabello recuperado de la escena de un crimen se podran contestar muchas preguntas. ¿El cabello es de un ser humano o de un animal? ¿Si es humano, era de un varón o una hembra? ¿La edad aproximada y raza de la persona? ¿El cabello fue arrancado o fue cortado? ¿Si fue cortado, se uso un instrumento afilado o sinfilo?

El cabello de un animal se reconoce fácilmente cuando es examinado bajo un microscopio. El cabello de un animal tiene un medulla más ancha que la de un ser humano y las células se forman diferentemente. La corteza de un animal también es muy diferente a la de un hombre, y la cutícula de un ser humano es mucho más fina que la del cabello de un animal.[4]

El cabello de un cuero cabelludo (scalp) humano es particularmente significante. Antes de la era del cabello meneado (bobbed), era fácil determinar el sexo de la persona con su cabello. Si el cabello encontrado era largo con puntas sin cortar probablemente era de

Mi Cabello, Mi Gloria

una hembra. Sobre todo si el cabello midia tres pies de largo, fácilmente podría deducirse que el cabello pertenecia a una mujer. Porque en esos días generalmente los hombres tenían su cabello más cortó que las mujeres. Hoy día, ese descubierto es mucho más difícil. Los hombres llevan su cabello más largo que antes, y las mujeres llevan su cabello mucho más corto o masculino que antes. Científicos han descubierto que el cabello de hombres es normalmente más tosco en la estructura y más tieso que el de una hembra. Generalmente, el cabello de una hembra es de una estructura más delicada que contiene gránulos más finos de pigmento, y con menos frecuencia contienen una medulla.

La manera que la edad de la persona es determinada es por la clasificación; que declara si el cabello es de un infante, adolescente, o de una persona adulta o mayor. Las bombillas de cabello muestran la degeneración de edad y los cabellos mismos muestran señales de edad sin la pérdida de pigmento.

Según Brian Marriner, en su libro, *En el Sendero Sangriento de la Muerte* (On Death's Bloody Trail), "El cabello es una parte vital de una investigación de asesinato. Debido a sus calidades absorbentes el cabello puede mostrar señas de veneno, y el análisis del cabello puede revelar qué veneno fue usado y en qué dosis."[5] Debido a las calidades absorbientes del cabello, el arsénico puede descubrirse en el cabello aun cuando ninguna seña de arsénico puede encontrarse en otras partes del cuerpo.

El caso más famoso y sospechoso de envenenamiento de arsénico debe ser el de Napoleón Bonaparte, cuya muerte durante su destierro final en la isla de St. Helena fue oficialmente atribuida al cáncer, pero dio lugar a los rumores de mala jugada (foul play). En los 1960, cien cincuenta años después de la muerte de Napoleón Bonaparte, algunas muestras de su cabello fueron sometidas a un análisis de "neutrónactivación"; ellos encontraron que el volumen de arsénico en su cabello era aproximadamente 13 veces la cantidad normal.[6]

¿Qué es el análisis de neutrón-activación? Son los elementos presente en cualquier material que puede convertirse en los isótopos radiactivos al bombardeándolos con neutrones. Los elementos pueden identificarse por la radiación que ellos emiten. Este método es tan extremadamente sensible que es posible descubrir y medir la radiación increíblemente de material en cantidades mínimas. Así que es posible, aunque bastante caro, identificar los elementos que estan en su cabello a resultado de lo que uno come, el lavado personal y el uso de champú, la polución local, y factores medioambiental..[7]

"Cuando el cabello es colectado para muestra" (Muestras de Cabello), declara el *Boletín de la Evidencia Física*, de la Sección de Justicia de California, la Agencia de Servicios de Forense, "las raíces deben ser incluidas porque se puede obtener considerable información. A ninguna persona le gusta que le jale su cabello otra persona. Sin embargo, ellos pueden ser persuadidos a arrancar bastante de su propio cabello para la evaluación de la raíz. El método preferido de colección de la muestra es en este orden: **1)** cabellos arrancados **2)** cabello que se quiebra al peinarlo así atrás (backcombed), y/o **3)** cabello cortado cerca del cuello (close cutting)."[8]

Colgado por Dos Cabellos

Fue por la comparación microscópica que el patólogo legendario Sir Bernard Spilsbury resolvió el caso de Messiter en 1930. William Henry Podmore asesino a Vivian Messiter, con un soplo de martillo. Spilsbury, encontró dos cabellos de la ceja de la víctima en la cara del arma que fue usada para el crimen. Mientras esto simplemente confirmó que éste era de hecho el martillo que había golpeado el soplo fatal, El Titulo de la prensa leo así: "Dos Cabellos Colgaron a Este Hombre" (Two Hairs Hanged This Man)."[9]

En Australia 1921, Charles Anthony Taylor, un químico industrial, estaba envuelto en un caso de asesinato. El cuerpo desnudo de una muchacha joven se encontró en una calle estrecha llamada El Callejón de Armas (Gun Alley). Ella había sido estrangulada y fue golpeada hasta la muerte. Los detectives cuestionaron a las personas en esa área y determinaron que el cuerpo fue descargado después de la 1 de la mañana. La joven estudiante de trece años de edad, fue asesinada en otra parte y despues la llevaron en una manta o cobija y la dejaron en el

callejón. Lógicamente esto indicó que el asesino tenía que ser alguien que vivía localmente.
La policía empezó a sospechar a un tendero (shopkeeper) local, Colin Ross. Interrogaron a todos las personas locales incluso a Ross. Un testigo (eyewitnesses) vio a Ross en la Callejón de Armas a aproximadamente el tiempo que el cuerpo había sido descargado, una persona incluso lo vio llevando un bulto envuelto con una manta o cobija.
Ross fue arrestado y lo interrogaron aun más. Dos mantas fueron enviadas a Charles Taylor para el análisis. Las mantas fueron encontadas en la tienda de Ross. La primer manta no reveló nada bajo un microscopio, pero la segunda tenía veintiun cabellos color rojo-oro que fueron extraídos de la manta. Algunos cabellos alcanzan doce pulgadas, que en esos días indicaba que eran de una hembra. El cabello se había arrancado de las raíces; los más cortos se habían quebrado. El análisis microscópico mostró que el cabello era de origen humano, y el grado de pigmentación demostró que era de alguien de trece años o más pero menos de treinta, porque a la edad de trienta es cuando empieza el declive del colorido del cabello. Los cabellos cortos eran de la nuca del cuello de una pelirrojo. La víctima era una pelirroja....
La evidencia del cabello anulo cualquier argumento de la defensa y Ross se encontró culpable y fue colgado en Melbourne Gaol, el 22 de Abril, 1922—fue el primer hombre en Australia declarado culpable pu- ramente por la evidencia de la ciencia forense.[10]

El Descubrimiento de Comprobación del ADN

El avance más dramático en la ciencia forense desde el descubrimiento de huellas digitales es el de la tecnología del ADN. "Esta tecnología ha proporcionado las herramientas moleculares que les permiten a los científicos descubrir las variedades extraordinarias que existen entre los individuos al nivel de su ADN (el ácido desoxirribonucleico). Este proceso puede identificar a el individuo, con el fluido/células del cuerpo (incluso el cabello) del donador con precisión excluyendo a todo las otras personas," dicen el Agente Especial David Bigbee, el Director del Laboratorio del Crimen Richard L. Tanton, y el Director de la Agencia de Ciencia Forense Paul B. Ferrara, Ph.D. en *La Aplicación de Análisis de ADN en los Laboratorios Americanos del Crimen* (Implementation of DNA Analysis in American Crime Laboratories.[11] Los exámenes del ADN en los laboratorios forenses en los Estados Unidos pueden analizar aproximadamente 10,000 especímenes por año. Los Laboratorios del FBI duran aproximadamente ocho semanas del empiezo al final en cada caso. El departamento de ADN tiene más de 500 casos que esperan el análisis.

Según Ed Timms y Steve McGonigle en *las Pruebas de ADN son Útiles para la Defensa a lo igual que la Prosecución* (DNA Tests Prove Useful to Defense, Prosecution Alike) que fue imprimido en las *Noticias de la Mañana en Dallas* (Dallas Morning News) el 11 de Abril de 1993, "El ADN es el diseño (blueprint) genético encontrado en cada célula del cuerpo humano. Ningunas dos personas tienen el mismo modelo, salvo los gemelos idénticos. Para identificar un igual o idéntico, típicamente se requiere una comparación de sangre, saliva, semen, un espécimen de piel y cabello y un analysis de estadísticas complicadas. . . . La casualidad que el ADN de dos personas sea igual podría ser uno en 100 millónes, de miembros de un grupo étnico grande."[12]

La Comprobación del ADN y la Colección del Cabello

Tributo se dio a los científicos forenses por su trabajo y su descubrimiento especializado en el caso del asesinato de Sharon Zellars, la víctima de diecinueve años de edad. Se desapareció cuando ella manejaba a casa después del trabajo, en el Mundo de Disney (Disney World), en Florida, el 30 de Diciembre de 1978. Sus padres angustiados notificaron a la policía, y empezo una búsqueda de aérea; ellos solo encontraron su automóvil abandonado en una huerta de naranjas. Las manchas de sangre eran visibles en el interior del automóvil en el lado del chófer. Junto con una bolsa se encontraron las impresiones de botas polvorientas en el interior del automóvil que reveló que ellos eran de un par de botas del tipo que se usan en el ejército (military boots).

El automóvil se examinó meticulosamente en la oficina principal policíaca. Un solo cabello se encontró a la base de la atadura de cinturón de seguridad al lado del pasajero. Una búsqueda extensa reveló varios cabellos iguales. El interior del automóvil fue limpiado con una aspiradora cuidadosamente y ellas (muestras) juntaron la evidencia.

El 5 de Enero de 1979, el cuerpo de Sharon Zellars fue encontrado en un pozo de agua aproximadamente cincuenta pies de dónde fue encontrado su automóvil. Las señales mostraron que ella fue golpeada hasta la muerte. Un descubrimiento rutinario reveló que la noche que Sharon fue asesinada, un individuo de un motel cercano había enviado por una ambulancia. Él estaba sangrando profusamente de la boca y dijo que él había estado en una pelea en una pista de patinar (skating rink) cercana, cuando él recibió un golpe y mordio su lengua.

El doctor del hospital que asistió al hombre dijo que el paciente había perdido aproximadamente tres-cuartos de una pulgada del frente de su lengua. Los guardias de seguridad de la pista de patinar (skating rink) declararon que no había habido ninguna pelea la noche en cuestión. La enfermera del hospital que atendio la herida del hombre dijo que él no podría haber mordido su propia lengua, porque la curva de la mordida estaba al revés de su mordedura. La conclusión fue que la víctima le había mordido la lengua....

Entretanto el sospechoso, Robert C. Cox, había devuelto a su unidad militar en Georgia, y eficazmente estaba fuera de las manos policíacas. Pero el detective responsable del caso no sería detenido. Él examinó los archivos del servicio de Cox y encontro que él tenía un récord de atacar a las mujeres. Cualquier interrogatorio acerca de Sharon Zellers fue negado por Cox. Sin embargo, la policía consiguió el permiso judicial para tomar cabello y muestras de la sangre de Cox para un exámen del ADN (en ese entonces los exámenes de ADN estaban en su fase de infancia en USA–Estatados Unidos de America).

Siete años después, el detective queria hablar con Cox de nuevo pero él descubrió que Cox estaba en la prisión, sirviendo nueve años por atacar a dos más mujeres. En Enero de 1988 los residuos de las sangres del automóvil fueron entregados a Mark Diagnóstico Laboratorio Celular (Cell Mark Diagnostic Laboratory) en Maryland que hacía la comprobación del ADN. El resultado fue desilusionante. El laboratorio informó que no había habido suficiente material de ADN para hacer una prueba. Pero la Asociación McCrone Inc. el Laboratorio en Chicago (McCrone Associated Inc. Laboratory in Chicago) tuvo más suerte con la prueba del cabello, y pudo positivamente identificar el cabello encon- trado en el cinturón del asiento del automóvil de la víctima con los de la cabeza del sospechoso.

El 27 de Junio de 1988, Cox fue declarado culpable del asesinato de Sharon Zellars y fue sentenciado a la muerte. Él reside ahora en la fila de muerte (death row) en Florida. Este caso es uno de muchos que ayudaron en el descubrimiento y la comprobación de ADN.[13]

La importancia que el cabello tiene para un detective se ha puesto mayor con el uso de comprobación de ADN. Los expertos no sólo predicen que la evidencia de ADN se acostumbrará rutinariamente en la prosecución en los casos criminal pero también se empleará con un efecto poderoso. Dicen los científicos que la nueva tecnología y análisis, mejorará la habilidad de identificar a un sospechoso a través de ADN dramáticamente.

Algunos fiscales dicen que sólo la amenaza de una prueba de ADN ayuda con el número de confesiones y súplicas para negociar (plea bargains) antes del juicio (pre-trial). "Como una herramienta investigadora, ha funcionando muy bien," dijo Sr. Levy, fiscal del Condado de Tarrant. La habilidad de excluir a los sospechosos potenciales le ayuda a la policía a encontrar al culpable verdadero.[1]

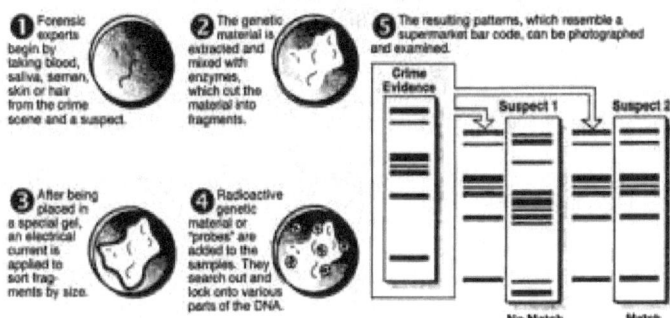

Cómo Funcionan las Huellas Digitalas ADN

Notas Finales

1. Sadick and Richardson, 1.
2. Cooper, 34.
3. Ibid.
4. Goodman, 258.
5. Brian Marriner, *On Death's Bloody Trail* (New York: St. Martin's Press, 1991), 218
6. Cooper, 35, and Marriner, 218.
7. Cooper, 35.

Mi Cabello, Mi Gloria

8. "Collection of Fiber and Hair Evidence," *Physical Evidence Bulletin*, California Department of Justice, Bureau of Forensic Services, January 1986.

9. Marriner, 221.

10. Ibid., 221-224.

11 .David Bigbee, Special Agent; Richard L. Tanton, Crime Laboratory Director; and Paul B. Ferrara, PhD, Bureau of Forensic Science Director, "Implementation of DNA Analysis in American Crime Laboratories," notes given by Officer Bill Santos, SJPD.

12. Ed Timms and Steve McGonigle, "DNA Tests Prove Useful to Defense, Prosecution Alike," *Dallas Morning News*, 11 April 1993, vol 5, art 9, 1A

13. Marriner, 231-233.

14. Timms and McGonigl

10 – Las Puntas Sagradas

En 1856 Andrew McNally y su compañero William Rand fundaron Rand McNally & Compañía. La especialidad de su compañía era hacer atlases (mapas) comprensivas que todos los individuos del mundo podrían entender. Al hacerlo, Rand y McNally adoptaron un credo simple: "Ajuste se para una Especialidad y Permanezca allí" (Fit up for a Specialty and Stick to it). En otros términos, encuentre algo que valga la pena y haz lo hasta que se vuelva tu especialidad. Al permanecer en el asunto del cabello y al pasar más de dos años de investigación para poder dar una respuesta a si el cabello tiene importancia o no, yo ciento que se ha vuelto una especialidad para mí.

Alejandro el Grande (Alexander the Great) soñó que él conquistaría el mundo, y a la edad de 33, él se murió sin más mundo para conquistar. Le preguntaron un día cómo fue que él conquistó todo el mundo conocido. Él contestó, "¡No me demore!" Aunque el dicho (motto) de Alejandro el Grande es simple, hay mucha verdad en el. Cuando tuve que organizar y grabar toda la información sobre el cabello que estaba delante de mí, parecía abrumadoramente (overwhelmingly) imposible. Pero cuando yo leí la cuenta de Alejandro el Grande, yo sentía la estameña de urgencia y me resistí no demorar más tiempo.

El tiempo es justo para conquistar cualquier espíritu que intentaría apagar la "gloria" de la iglesia. Espero que este libro le ha ayudado aclarar cualquier confusión que podría haber tendido sobre el asunto de la gloria de la mujer (cabello). El mundo intentaría decimos que nuestros puntas partidas (split-ends) "deben cortarse" para que nuestro cabello se vea presentable, pero yo digo que no importa que tan dañadas esten las puntas de nuestro cabello—esas "puntas son sagradas."

Ahora que llegamos al final de este libro de cabello, quizá puede haber algunas que todavía se preguntan si hay mujeres que creen en1 Corintios 11: 6, 14-15, o ellas podran preguntarse si la Escritura tiene alguna importancia. Muchas me han dicho, "Simplemente echa una alguna importancia. Muchas me han dicho, "Simplemente echa una mirada alrededor y mira cuántas señoras se están cortando su cabello." Algunas señoras no son obedientes a la voluntad de Dios de guardar su cabello en su estado natural (sin cortar). Esto puede ser verdad pero permitame ofrecerle un poco de ánimo.

Si usted ha sido desalentada sobre esto, yo le aseguro que hay muchas señoras que creen y obedecen estas Escrituras 1 Corintios 11:6,14-15. Ellas estarán firmemente de pie en la obedencia a la Palabra de Dios, sin importar los dictados mundiales. Con nuestro corazón, alma, y espíritu nosotras hemos dedicado nuestra "gloria" a Dios. Dios nos dará la sabiduría para tratar nuestro cabello con la dignidad que Él propuso, no en un espíritu de orgullo pero *un espíritu afable y apacible, que es de grande estima delante de Dios* (1 Pedro 3:4).

Estos cuadros de "puntas sagradas" indicarle al mundo que nosotras no estamos avergonzados pero agradecemos la gracia y misericordia de Dios hacia nosotras. Estas mujeres alegremente mostraron sus cabello (tresses) glorioso, que fluyen a lo largo de sus espaldas y son una señal de su sumisión al Señor.

Algunas puntas de cabello muy sagradas

El Resumen

Nosotros aprendimos en los capítulos anteriores que si hay gran importancia al asunto del cabello. En el reino sobrenatural se cree que el cabello ha sido dotado (endowed) de poder místico y mágico. En los aspectos Bíblicos, el cabello fue usado para mostrar el estado específico y denotar la identificación. En las investigaciones de criminología, se usa como evidencia que puede probar y declarar culpable o inocente al sospechoso.

A lo largo de la historia el cabello ha sido la parte más importante y revelada del cuerpo humano, por lo que se refiere a la importancia social, espiritual, y psicológica. Fue usado para fijar las modas y como un medio de atraer atención.[1] En algunos casos, el cabello fue usado históricamente para demostrar una actitud de rebelión contra el establecimiento.

Para el individuo que no intenta hacer una declaración con su cabello, la condición, la apariencia, y particularmente la presencia de cabello mantienen un misterio distinto que es tan fascinante e influyente hoy como lo era hace miles de años.

Si hay alguna duda en su mente que la sociedad contemporánea no pone un valor alto en el cabello, simplemente al hojear un periódico o artículos de una revista y anuncios le mostrarán que tan importante es cabello para la población en general.[2]

¿Los Peinados Representan una Diferencia?

Una historia favorita sobre el cabello, la oí hace años en la Universidad de la Biblia. El Reverendo Wayne Trout, el pastor emérito de la Universidad de la Biblia Kent, le encanta contar esta historia a los estudiantes y a todas las personas. El Reverendo Trout y su esposa la hermana Janet Trout en un viaje de turismo a la Tierra Santa le paso lo siguiente a la hermana. Ella, como la mayoría de las señoras de Pentecostés, usa su cabello peinado por encima de su cabeza en una moda attractiva. Ese día ella decidió lavar su cabello.

La primera cosa que uno debe hacer antes de lavar el cabello es bajar el peinado existente y peinarse fuera todos los enredos antes de lavar. Al momento que la hermana Trout bajó su cabello y empezó a peinar fuera los enredos, alguien sonó a la puerta. Quizás con muy poco tiempo y fastidiada por la interrupción, ella contestó la puerta con su cabello que parecia cabello pasando por un túnel de viento.

¿Quién podría ser? Nada menos que el Reverendo Lee Stoneking. Al hermano Trout le gusta dar énfasis al hecho que el Hermano Stoneking no está casado y posiblemente no esta acostumbrado a ver a las mujeres de Pentecostés sin su cabello bien arreglado. ¡Cuando el Hermano Stoneking vio a la hermana Trout con su cabello fuera de control, él suspiro y dijo, "Los peinados si representan una diferencia!"

El moral a esta historia es que nosotras las señoras hemos sabido durante mucho tiempo que los peinados representan una gran diferencia. Por eso nosotras nos esforzamos con nuestros peinados. Es trabajoso consiguir un peinado que se vea bien con nuestras facturas. Pero nosotras sabemos el encanto o la repugnancia que nosotras podemos darle a nuestra cara simplemente con un peine. Alguien dijo una vez, "¡La ropa es para el hombre, y el cabello es para la mujer!"

Generalmente, el cabello ha sido una señal de nuestra condición física y cómo nosotros nos percibimos así mismos. Muestra nuestra personalidad, individualidad, e imaginación. El cabello puede usarse para transformarnos alterando nuestras facciones u ocultando nuestros defectos. Nuestro estilo de cabello puede hacernos parecer más joven, más alto, más bonito, más suave, más fuerte, más sabio, o más atractiva.³

La Historia de Sharon –el Día que yo Perdí mi Gloria

Sharon Grider ha sido un peluquera Pentecostés por más de 30 años. A través de muchos años de peinar cabello ella probablemente ha rizado, torcido, anudado, atao, peinado, lavado, ondeo, tejido, trenzado, plegado (plaited), enderezado, esponjado, enredado, calentado, y finalmente le pone la laca (hair spray) a su obra de arte para ayudarle a muchos mujeres Pentecostés a verse más bonitos. Agradecidamente ella dedico este talento al Señor a una edad muy temprana.

Ella fue atraída a el cabello largo de las mujeres Pentecostés desde que ella era una niña pequeña. Ella se recordó que su madre le dio su primer nalgada (spanking) cuando ella tenía dos o tres años por jugar con el cabello de una amiga de su mama. Sharon era la hija de un predicador y en su casa era normal que llegara visita a cualquier hora. Ése era su tiempo favorito. Ella esperaba que las señoras vinieran a su casa para que ella pudiera darles un abrazo, y luego jugar con su cabello.

Sharon recuerda cuando era niña ella se subía a el sofá y intentaba acercarse a las señoras. Su madre constantemente le decía que no intentara desarreglar el cabello de la señoras. Muchas veces cuando su madre sabia que las señoras iban a venir a la casa le advertiría a Sharon que no intentara jugar con su cabello, pero sin efecto, por que ella de algún modo o otro se sentaba al lado de la señora con un peine escondido detrás de su espalda.

En esos días las mujeres usaban redes para el cabello (hairnet). Al frente se su cabeza ellas usaban rizos pequeños (pin curls). Las señoras se esponjaban su cabello y se lo ponían al frente de su cabeza en forma de una ola. Durante los años Cincuenta, las señoras peinaban su cabello aun mas alto en un estilo crepado (bouffant). Ellos guardaban el cabello que quedaba en los cepillos y peines y lo usaban como un relleno. A veces el cabello se guardaba en un frasco o en una botella. Sharon lo recuerda muy bien . . . su madre la regañaba porque ella jugaba con él cabello en el frasco. Sharon dijo que ella arruino muchas muñecas al peinar y peinar y peinar su cabello. Su primer peinado de cabello terminó con unas nalgadas.

Una señora vino a la casa de Sharon un día. Y finalmente, después de mucho rogar, la señora le permitió a Sharon jugar con su cabello. Ella recuerda que se sentía tan contenta y extática. Pero siendo muy joven, ella envolvio el cabello alrededor y alrededor del peine. Y amaro la puntas en muchos nudos diferentes. Cuando su madre descubrió lo que ella hizo, Sharon recibió unas nalgadas.

Sharon piensa que su interés con el cabello largo probablemente vino del hecho que su madre y abuela tenían cabello muy corto. A pesar de que nunca lo cortaron, ellas tienen esa clase de cabello que no crece. Cuando alguien iba a la casa de su madre que tenía el cabello largo, a Sharon le fascinaba y era cautiva del cabello largo. ¡La belleza del cabello era maravilloso, y ella anhelaba jugar con el!

Cuando Sharon tenía seis años su padre sentío un llamado al campo misionero. Ellos se movieron para Monterey, México. En 1960, mientras en permiso (furlough) en los Estados Unidos, Sharon y su familia iban manejando en el desierto. De repente a ellos les sucedió un accidente severo que tomó las vidas de su padre, hermano, y hermana. Su madre tambien fue lastimada severamente y Sharon sufrido quemaduras del tercio y cuarto grado en 65 por ciento de su cuerpo.

A la edad de ocho, Sharon experimentó el horror de perder toda su "gloria" (cabello). Después del accidente, Sharon fue internada en el hospital por siete meses y medio. Durante la estancia larga en el hos- pital, ninguna de las enfermeras supo como cuidar su cabello largo. Se enmarañó y se enredado y aun tenia basuritas pegadas en su cabello del accidente.

Un mes después las enfermeras decidieron entre si cortar su cabello. Ésa era su "única" solución a su cabello enmarañado. Ellos realmente no sabían cortar el cabello. Sharon dijo que se veía horroroso. Ella salio del hospital seis meses después; la madre de Sharon la llevo a una tienda de belleza para que le cortaran su cabello apropiadamente, para que por lo menos su cabello le creciera parejo. Ella recuerda el momento, y el sentimiento descorazonando que ella sintió. Dijo que era como si hubiera perdido un brazo. Ella miraba hacia al suelo y todo su cabello estaba allí tirado. Ella solo queria atarlo a y guardarlo. Eso debe haber sido un sentimiento horrible ver su "gloria" tan valiosa amontonada en el suelo de un salon de belleza.

    Sharon recuerda que durante el tiempo de su recuperación ella no era una niña muy activa. Ella tenía que estar en una silla de ruedas, y después en la casa generalmente. Ella se sentaba delante de un espejo y practicaba peinando su el cabello nuevo que le estaba creciendo. Señoras cómo arreglaban su cabello. Ella dijo que ella queria saber todos los detalles de sus peinados. Después ella iría a su casa y peinaba el cabello de su muñeca en la misma moda. ¡Pero su madre se quejaba que lo unico que Sharon queria hacer era jugar con el cabello de sus muñecas!

    Cuando Sharon era una adolescente ella recibía muchos cumplimientos por los peinados que ella hacia. Un día su pastor hizo un comentario en la iglesia que todas las señoras se veían muy bonitas. Entonces él dijo que era principalmente debido a una persona joven que les había arreglado su cabello. Él les dijo a todas las señoras que ya era tiempo que le pagaran a Sharon por sus esfuerzos. Y así fue como em- pezó su carrera de peluquera.

    A la edad de 17 ella les arregló el cabello a todas las damas de honor para una boda. Las muchachas decidieron salir a un restaurante después. Allí un hombre rico vio los peinados de las muchachas. Él se sorprendido cuando supo que una muchacha joven fue la que hizo todos los peinados y no algún profesional. Él le ofreció un trabajo muy lucrativo a Sharon en Los Angeles para peinar pelucas en uno de sus salónes de belleza. Pero era muy tarde, porque el mes anterior ella dedicó su talento al servicio de Jesús.

Mi Cabello, Mi Gloria

Yo le pedí a Sharon que describiera algunos de los peinados Pentecostés del pasado. Cada vez que yo le preguntaba a los mayores (ol' timers) a descibir los peinados, ellos se sonreirían. Un hermano me dijo, "Hermana, usted no quiere saber." Después de hablar con Sharon, yo entiendo un poco más de lo que ellos estaban hablando. Sin embargo, para aquéllos de ustedes que no saben, era algo así.

Los peinados de los años Sesenta fueron influenciados un poco por los estilos del mundo. La Colmena (Beehive) y el rollo francés eran los peinados populares para las mujeres Pentecostés; para las muchachas jóvenes era las coletas (ponytails). Algunas de las señoras usaban su

A la edad de nueve le encantaba ir a la iglesia y preguntarles a las cabello por encima de sus cabeza como una corona en forma de media concha Los años Sesenta y Setenta fueron los tiempos en los que ocurrieron muchas historias de mujeres y de los objetos que salían de su cabello. Durante los servicios en la iglesia o servicios del altar, Sharon recuerda que era un tiempo fascinante porque nunca sabría lo que iba a recoger del suelo después de que el servicio llegaba a su fin.

Sharon nombró algunas de las cosas que las mujeres usaban en su cabello. Éstas son algunas cosas que ella vio cuando era una joven. (Podra parecer como Ripley crea o no—Ripley's Believe It or Not). Algunos artículos eran: ¡los pedazos de cabello (pelucas), estambre (del mismo color del cabello), papel de baño, rellenos de cabello, medias, la red novia, algodón, y el último uno que, casi no lo podia creer. . . almohadillas femeninas (feminine napkins)!

¡Debe de haber sido una vista realmente! Después en los años Setenta había un nuevo producto de lana de crespón que fue usada para lograr el mismo afecto. En los años Setenta los permanentes eran la tendencia popular. . . hasta que algunas señoras, Sharon comentó, abusaron de los permanentes como una forma de acortar su cabello. Esta acción de hecho cambio algo posiblemente buena y lo hizo malo y deshonroso.

Las mujeres le hicieron cosas a su cabello que deliberadamente lo daño y lo hizo más corto. Un ejemplo que yo recuerdo cuando yo era una nueva creyente en los años Setenta, algunas de las mujeres le llamaban a "los permanentes" un corte de cabello

"Pentecostés." Ellos sabían que los permanentes quebraban su cabello. Así que ellas conseguirían los permanentes continuamente en su cabello por esa razón específica. Una señora que Sharon conoció odiaba el hecho de que ella "tenía" que crecer su cabello largo porque ella fue criada en la iglesia, así que ella se hizo tres permanentes en una semana, dejando las químicas mucho tiempo en su cabello para dañar los puntas para que se quebraran. Los permanentes podrían haber sido una cosa buena si no hubieran sido usados de una manera tan errónea.

La Gloria se Perdió de Nuevo

Durante este tiempo, el cabello de Sharon creció de su cintura a medioternero que fue extraordinariamente rápido durante tres años de 1976 a 1979. Entonces en Octubre de 1979 ella se enfermo de Flebitis, y cuando los doctores la atendieron, encuentraron tres grumos (blood clots) de sangres del tamaño de cabellotas de golf en su pierna derecha. Ella fue hospitalizada inmediatamente y le empezaron a dar alimento intravenoso. Las medicinas que ello tomo fueron heparin y coumadin para adelgazamiento de la sangre, pero tuvieron un efecto severo—la pérdida de cabello.

Después de dos semanas de tratamiento y de estar en el hospital, ella estaba lista para ir a su casa; su cuero cabelludo (scalp) empezó a sentir picason y se sentía como si estuviera apretandose. Sharon dijo que su cuero cabelludo (scalp) se apretaba y luego se aflojaba. A veces ella sentía una sensación de cosquillosa en su cabeza. Ella notó que la almohada estaba llena de cabello que se le habia caído.

Después de un mes de tratamientos de adelgazamiento de la sangre ella recuerda el sentimiento de pánico que ella sentio cuando ella cepillo su cabeza. Al peinar su cabello ella noto que las cerdas del cepillo se llenaron de cabello. Parecía como si los trozos de su "gloria" se estabas cayendo. Sharon velozmente recordo a su madre que habia perdido su cabello a la quimioterapia. El miedo corrió desenfrenado en su mente.

Mi Cabello, Mi Gloria

A principios de los años 1980 Sharon tenía una mancha calva muy dolorosa detrás de su cabeza. Ella describe el dolor como una quemason. Ella dijo le dolía aun taparlo con el cabello existente. Cuando su cabello largo se le había caído, ella podría ver los nuevos vellos cortos que intentaban crecer.

Sharon recordo que cuando ella era una adolescente esto les paso a algunas mujeres. Primero, su cabello era largo, después se puso más corto ellas dijeron que fue por un caso severo de tensión. Pero Sharon con su pensamiento adolescente inmaduro, realmente pensó, "ah ha, seguro que fue la tensión. Usted simplemente está usando eso como una excusa. ¿Pasa eso realmente?"

Pero ahora que le estaba pasando a ella, ella querría gritar más ruidosamente que cualquiera a su alrededor. Lo único que ella queria era que su cabello dejara de caerse. Los doctores dijeron que ellos no pudieran ayudarla. Ellos no comprendian que esta era su "gloria querida."

Su orgullo se puso de frente y ella dijo, "¡Esto no me puede pasar a mí!" Pero si le paso. Ella aprendió que así como ella juzgó a esas mujeres pobres que padecieron de la pérdida de cabello cuando ella era una adolescente, ella también iba a ser juzgado. Sharon comprendió que sería imposible explicarles a todos que su cabello corto era el nuevo crecimiento. No era deliberadamente de esta manera pero era porque su cabello sigue cayéndose. Su cabello una vez le llegaba al medioternero (mid-calf) pero ahora estaba cerca de del hombro. Dios le estaba ensenyando a ser cortés con esas personas que aun escogen creer diferente.

El cabello nuevo se estaba mezclado con su cabello más largo y estaba causando cabello enmarañado. El cabello nuevo era más fino y más delgado. Sharon paso por un periodo de tensión severa debido a varias pérdidas en aproximadamente cinco años. Su cabello se empezó a caer de nuevo.

Pero últimamente, ella paso por otro período de tensión pero esta vez cuando su cabello se cayó nunca creció nuevos folículos. Su cabello estaba tan delgado que usted pudiera ver su revenda (scalp). Ella pensó que ella quedaría calva.

Mi Cabello, Mi Gloria

De suerte, Sharon sabía como peinar su cabello de manera que no se viera tan delgado. Ella hace que su cabello se vea lleno y no tan delgado. Aunque su cabello esta cortó al hombro Sharon tiene una convicción de no peinar su cabello de manera mundana, o cualquier estilo que la haga verse del mundo y no de Pentecostés.

Sharon tiene una amiga cuya madre se burla de su apariencia de Pentecostés. Ella pregunta, "¿Por qué te quieres parecer a esas mujeres?" En otros términos, por qué te identificas con la manera que esas mujeres se miran.

La respuesta simplemente es porque nosotros somos todas partes de la familia de Dios. Y sucede que cuando usted crece su cabello largo y alcanza a su cintura hay muy pocas maneras de arreglarlo. Por consiguiente, todas nosotras nos parecemos. Por eso nuestro estilo de cabello y los peinados a la era antes del cabello meneado (bobbed) son similares.

Sharon hizo un punto muy bueno: si uno trabaja en un lugar que le exigen que lleve un uniforme, usted no va a pelear con el jefe para usar los pantalones vaqueros (blue jeans). Ella dice que si usted está en el Ejército usted no va a llevar un uniforme de la Armada. Usted quiere parecerse al grupo que usted pertenece. Usted conforma. Usted está de acuerdo a mirarse y vestir como las normas requieren. Los restaurantes, aeropuertos, y hospitales todos tienen sus propios códigos del vestido y ética.

Es una maravilla por qué una mujer cristiana no querría parecer hija dedicada a Dios. Sharon declara que ella no entiende por qué algunas mujeres de Pentecostés no molestan "al ser" Pentecostés pero ellos no quieren a nadie diga que "parecen" Pentecostés.

Sharon tiene la "habilidad" de peinarse su cabello de seis pulgadas en cualquier estilo mundano pero ella no tiene esos estilos del mundo en su corazón. Algunos le han preguntado que por qué ella no permite sus cabello de la frente simplemente colgar y se vera aun más joven o más bonita. Usted podra oír el lamento sincero de su corazón por el tono de su voz; ella dijo, "yo solo quiero parecer un mujer Pentecostés." Con su cabello una vez largo y espeso, y ahora corto y adelgazado, Sharon dijo que se ha vuelto uno de los forcejeos más grandes en su vida que se ha consagrado en un baño de lágrimas.

La Conclusión

Después de leer este libro, algunas se preguntaran si lo único que ellas tienen que hacer es permitir que su cabello crezca largo y todo estara bien. No, asi no es cómo funciona porque nosotros debemos servir al Señor con toda nuestra mente, cuerpo, y espíritu. Realmente, lo que está en el corazón de una persona se manifestará en su cuerpo (la apariencia) y espíritu (las acciones).

Si una señora tiene el cabello largo pero tiene un corazón lleno de amargura y conflicto, entonces el espíritu de piedad y santidad no puede brillar a través de su vida. ¿Por otro lado, si una mujer está trabajando en la obra de Dios como una maestra dominical, una intercesora, o una persona que trabaja en el ministerio, y no tiene el espíritu de piedad y santidad en su apariencia, entonces cómo va a saber el mundo que ella es diferente que los demás?

Huvo un tiempo, yo quise ser parte de un club de la Biblia en el colegio de la comunidad. Antes de averiguarar cualquier información sobre el club de la Biblia yo vi a una mujer que estaba repartiendo literatura en el patio. Al ver su cabello y la manera que ella se vistió yo pensé que ella era una lesbiana. Cuando yo pasé cerca de ella noté que ella estaba entregando folletos, pero no me intereso y pase rápidamente por allí. Sin saber, cuando yo encontré el lugar de la reunión del club de la Biblia, allí estaba esa misma señora... ella era la directora del club de la Biblia. ¡Casi no podia creerlo!

Me dijo Sharon que través de los años ha habido muchas personas que le han hecho comentarios sobre las mujeres de Pentecostés. Aquéllos que comentaron no van a su iglesia. Ellos dijeron, "Las mujeres en su iglesia son todos tan bonitas. Ellas tienen una belleza. Yo no sé como expresarlo; ellas parecen tan bien arregladas. Las señoras tienen un resplandor o luz sobre ellas." Yo le dije esa historia para dejarle sabe que el mundo si puede ver la diferencia.

Yo me alegro que yo sea diferente al mundo pero no simplemente "por ser diferente." Yo estoy contenta que el mundo puede ver que hay una diferencia en mi vida debido a Jesucristo y Su sangre preciosa. El poder del Espíritu Santo ha cambiado mi vida grandemente. Yo me enredé con las normas del mundo y la ideología pero gracias a Dios yo soy libre de esas tonterías.

Yo leí algo este año en el *Heraldo de los Pentecostés* que profundamente ha tocado mi corazón. Yo quiero que las señoras sepan que hay otros que también creen en la importancia del cabello de las señoras. Así que yo cierro con esto. . . .

Una Palabra Final

La palabra final es para el honorable Superintendente General, Nathaniel À. Urshan. Él declaró recientemente en su artículo, "Oyendo la Palabra de Dios" (Hearing the Word of God) que fue imprimida en el *Heraldo de los Pentecostés* (Pentecostal Herald) en Enero de 1995:

> Nosotros necesitamos predicadores y santos que, con un corazón de compasión, prediquen contra esta enfermedad del pecado, a esta generación inmoral, pervertida, y que se guarden limpios mientras ellos luchan contra el horror y la invasión del mundo en la iglesia. Pablo escribió en 1 Corintios 11:1-7 que los hombres deben guardar su cabello corto y que las mujeres deben tener el cabello largo. El pasaje nos enseña que la cabeza de la mujer es el hombre, que ella es la gloria del hombre. Cuando ella tiene el cabello largo como una cubierta, ella aparece en la presencia de Dios con la gloria sobre ella. Yo quiero darle saber a este mundo que las señoras piadosas de la Iglesia Pentecostés Unida son las mujeres más bonitas del mundo. Porque ellas siguen las enseñanzas sólidas de la doctrina.[4]

¡En agradecimiento al el Hermano Urshan por creer en nosotras, las mujeres de Dios, llamadas, escogidas, y fiel para darle la gloria a Su Nombre!

Notas Finales

1. Mathews and Mann, 11.
2. Sadick and Richardson, 2.
3. Smithsonian Institute, 5.
4. Nathaniel A. Urshan, "Hearing the Word of God," *Pentecostal Herald*, January 1995, 6-7.

El Apéndice

Porque si la mujer no se cubre, que se corte también el cabello; y si le es vergonzoso a la mujer cortarse el cabello or raparse, que se cubra (1 Corintios 11:6).
For if the woman be not covered, let her also be shorn: but if it be a shame for a woman to be shorn or shaven, let her be covered (I Corinthians 11:6).

Shorn

Strong's reference number: 2751
Greek: keiro
Derivation: A primary word.
Definition: shear

shear (shîr) v. sheared, sheared or shorn (shôrn, shÅrn), shearing, shears.
—tr.
1. To remove (fleece or hair) by cutting or clipping.
2. To remove the hair or fleece from.
3. To cut with or as if with shears: shearing a hedge.
4. To divest or deprive as if by cutting: The prisoners were shorn of their dignity.
—intr.
1. To use a cutting tool such as shears.
2. To move or proceed by or as if by cutting: shear through the wheat.
3. Physics. To become deformed by forces tending to produce a shearing strain.

—**shear n.**
1.a. A pair of scissors. Often used in the plural. b. Any of various

implements or machines that cut with a scissorlike action. Often used in the plural. 2. The act, process, or result of shearing. 3. Something cut off by shearing. 4. The act, process, or fact of shearing. Used to indicate a sheep's age: a two-shear ram. 5. Also sheers (shîrz). (used with a sing. or pl. verb). An apparatus used to lift heavy weights, consisting of two or more spars joined at the top and spread at the base, the tackle being suspended from the top. 6. Physics. a. An applied force or system of forces that tends to produce a shearing strain. Also called shearing stress, shear stress. b. A shearing strain. [Middle English scheren, from Old English sceran. N., from Middle English shere, from Old English scTar. See sker-1 below.] —shear2er n.

sker-1. Important derivatives are: shear, share1, shears, scabbard, score, shard, short, shirt, skirt, skirmish, screen, carnage, carnal, carnation, carnival, carrion, carnivorous, incarnate, curt, cortex, sharp, scrap1, scrape, scrub1, shrub1, screw.

sker-1. Also ker-. To cut.

I. Basic form *sker-, *ker-.

1.a. SHEAR, from Old English scieran, sceran, to cut; b. SHEER1, from Low German scheren, to move to and fro, and Dutch scheren, to withdraw, depart. Both a and b from Germanic *skeran.

2.a. SHARE2, from Old English scTar, plowshare; b. SHARE1, from Old English scearu, scaru, portion, division (but recorded only in the sense of "fork of the body," "tonsure"). Both a and b from Germanic *skeraz.

3.a. SHEAR, from Old English scTar, scissors, from Germanic *skTr-Å- and *sker-ez-; b. compound *skTr-berg-, "sword protector," scabbard (see bhergh-1). SCABBARD, from Old French escauberc, scabbard, possibly from a Germanic source akin to Old High German scarberc, scabbard. Both a and b from Germanic *skTr-.

4. SCORE, from Old Norse skor, notch, tally, twenty, from Germanic *skur-.

5. SCAR2, SKERRY, from Old Norse sker, low reef (< "something cut off"), from Germanic suffixed form *skar-jam.

6. Suffixed o-grade extended form *skorp-o-. SCARF2, from Old Norse skarfr, diagonally-cut end of a board, from Germanic *skarfaz

7. Suffixed o-grade extended form *skord-o-. SHARD, from Old English sceard, a cut, notch, from Germanic *skardaz

8. Extended form *skerd- in suffixed zero-grade form *skädo-. a. SHORT, from Old English scort, sceort, "cut," short; b. SHIRT, from Old English scyrte, skirt (< "cut piece"); c. SKIRT, from Old Norse skyrta, shirt. a, b, and c all from Germanic *skurtaz.

9.a. SKIRMISH, from Old French eskermir, to fight with a sword, fence, and Old Italian scaramuccia, skirmish, from a source akin to Old High German skirmen, to protect; b. SCREEN, from Middle Dutch scherm, shield. Both a and b from Germanic extended form *skerm-.

10. Variant form *kar-. CARNAGE, CARNAL, CARNASSIAL, CARNATION, CARNIVAL, CARRION, CARUNCLE, CHARNEL, CRONE; CARNIVOROUS, INCARNATE, from Latin carÅ (stem earn-), flesh.

11. Suffixed o-grade form *kor-yo. CORIACEOUS, CORIUM, CUIRASS, CURRIER; EXCORIATE, from Latin corium, leather (originally "piece of hide").

12. Suffixed zero-grade form *kä-to-. CURT, CURTAL, KIRTLE, from Latin curtus, short.

13. Suffixed o-grade form *kor-mo-. CORM, from Greek kormos, a trimmed tree trunk

14. Suffixed o-grade form *kor-I-. COREOPSIS, from Greek koris, bedbug (< "cutter")

15. Suffixed zero-grade form. SHORE1, from Old English scora, shore, from Germanic *skur-Å

II. Extended roots *skert-, *kert-.

1. Zero-grade form *kät- or o-grade form *kort-. CORTEX; DECORTICATE, from Latin cortex, bark (< "that which can be cut off").

2. Suffixed form *kert-snE-. CENACLE, from Latin cTna, meal (< "portion of food")

III. Extended root *skerp-. SCURF, probably from a Scandinavian source akin to Old English sceorf, scab, scurf, from Germanic *skerf-.

IV. Extended root *skerb(h)-, *skreb(h)-.

1.a. SHARP, from Old English scearp, slope; b. SCARP, from

Italian scarpa, embankment, possibly from a Germanic source akin to Gothic skarpÅ, pointed object. Both a and b from Germanic *skarpaz, cutting, sharp.

2.a. SCRAP1, from Old Norse skrap, "pieces," remains; b. SCRAPE, from Old Norse skrapa, to scratch. Both a and b from Germanic *skrap-.

3.a. SCRABBLE, from Middle Dutch schrabben, to scrape; b. SCRUB1, from Middle Dutch schrobben, to scrape. Both a and b from Germanic *skrab-.

4. SHRUB1, from Old English scrybb, shrub (< "rough plant"), from Germanic *skrub-.

5. SCROBICULATE, from Latin scrobis, trench, ditch.

6. SCREW, SCROFULA, from Latin scrÅfa, a sow (< "rooter, digger"). [Pokorny 4. sker-, Section I. 938.]

Verb: To decrease, as in length or amount, by or as if by severing or excising. cut, reduce, lower, cut back, cut down, slash, trim, chop, crop, curtail, clip, pare, lop.

Clipping (kl#p2#ng) n.
Something cut off or out, especially an item clipped from a newspaper or magazine.

clip1 (kl#p) v. clipped, clipping, clips.
—tr.
1. To cut, cut off, or cut out with or as if with shears: clip coupons; clipped three seconds off the record.
2. To make shorter by cutting; trim: clip a hedge.
3. To cut off the edge of: clip a coin.
4. To cut short; curtail.
5.a. To shorten (a word or words) by leaving out letters or syllables. b. To enunciate with clarity and precision: clip one's words.
6. Informal. To hit with a sharp blow: clipped me under the eye.
7. Slang. To cheat, swindle, or rob—intr.
1. To cut something.

2. Informal. To move rapidly.

—clip1 n.
1. The act of clipping.
2. Something clipped off, especially: a. The wool shorn at one shearing, as of sheep. b. A season's shearing.
3. A short extract from a film or videotape.
4. Informal. A quick, sharp blow: a clip on the ear.
5. Informal. A pace or rate: go at a fast clip.
6. A single occasion; a time: could write nine pages at a clip.
7. clips. A pair of shears or clippers. [Middle English clippen, from Old Norse klippa.]

clip2 (kl#p) n.
1. Any of various devices for gripping or holding things together; a clasp or fastener.
2. A piece of jewelry that fastens with a clasp or clip; a brooch.
3. A cartridge clip.
4. Football. An act of clipping.

—clip2 tr.v. clipped, clipping, clips.
1. To fasten with or as if with a clip; hold tightly.
2. Football. To block (an opponent who is not carrying the ball) illegally from the rear.
3. Archaic. To embrace or encompass. [Middle English, hook, from clippen, to clasp, embrace, from Old English clyppan.]

Verb: To decrease, as in length or amount, by or as if by severing or excising. cutting, reducing, lowering, cutting back, cutting down, slashing, trimming, chopping, cropping, curtailing, shearing, paring, lopping.
Verb: To join one thing to another, fixing, attaching, connecting, securing, coupling, fastening, affixing mooring **Shaven**
Strong's reference number: 3587
Greek: xurao
Derivation: Same base as 3586
Definition: to shave

shave (shEv) v. shaved, shaved or shaven (shE2vŏn), shaving, shaves.

—tr.

1.a. To remove the beard or other body hair from, with a razor or shaver. b. To cut (the beard, for example) at the surface of the skin with a razor or shaver.

2. To crop, trim, or mow closely: shave a meadow.

3.a. To remove thin slices from: shave a board. b. To cut or scrape into thin slices; shred: shave chocolate.

4. To come close to or graze in passing. See Synonyms at brush1.

5.a. To purchase (a note) at a reduction greater than the legal or customary rate. b. To cut (a price) by a slight margin.

—intr.

1. To remove beard or hair with a razor or shaver.

—shave n.

1. The act, process, or result of shaving.

2. A thin slice or scraping; a shaving.

3. Any of various tools used for shaving. [Middle English shaven, to scrape, from Old English sceafan.]

Verb: To cut off a slight amount. trim.

Verb: To make light and momentary contact with, as in passing. glance, brush, kiss, graze.

Verb: To manage with difficulty or so as to barely escape failure. scrape.

Del American Heritage Dictionary *y* Roget's II Thesaurus *CD por Macintos*

Los Créditos de los Cuadros

Capítulo Uno
ST. CATHERINE CORTANDO SU CABELLO (ST. CATHERINE CUTTING HER HAIR–Wendy Cooper, *Hair: Sex, Society, Symbolism* (New York: Stein and Day, 1971), 129.
EL ESTILO DE CABELLO DE UNA MUJER ROMANA (HAIR STYLE OF A ROMAN WOMAN)–"Hair," *Illustrated Bible Dic- tionary*, J. D. Douglas, MA, B.D., S.T.M., PhD (ed.) vol. 2 (1962; Wheaton: Tyndale House, 1980), 603.
UNA MUJER AFEITADA FRATERNIZADA (FRATERNIZED WOMAN SHAVED)–Kappler, Frank K., *Life World War II*, Philip B. Kunjardt Jr. (ed.) (Boston: Little, Brown and Company, 1990), 313.

Capítulo Dos
INDIO QUE REVENDE AL ENEMIGO (INDIAN SCALPING ENEMY)–Wendy Cooper, *Hair: Sex, Society, Symbolism* (New York: Stein and Day, 1971), 44.
UNA TARJETA POSTAL DE TRES MUJERES (POSTCARD OF THREE WOMEN)–The Belle Johnson Collection, Fotofolio Box 661 Canal Stan., NY, NY 10013.
LAS SIETE HERMANAS SUTHERLAND (SEVEN SUTHER-LAND SISTERS)–John & Alice Durant, *Pictorial History of the American Circus* (New York: A.S. Barnes and Company, 1955), 121.

Capítulo Tres
LA TARJETA POSTAL DE LA CORONA DE AMOR (CROWN OF LOVE POSTCARD)–Statics, Hartman Cards.
MARÍA LAVANDO LOS PIES DE JESÚS (MARY WASHING THE FEET OF JESUS)–Gene Guido 1995.

Capítulo Cuatro
UN HOMBRE LLEVANDO UN MUCHACHO (MAN CARRY- ING BOY)–Robert Payne, *Ancient Greece: The Triumph of a Culture* (New York: W, W. Norton & Company, Inc., 1964).

LA TARJETA POSTAL DE DECAMERON (DECAMERON POSTCARD)–Woodmansterne Publications LTD, Watford, ED1 8RD, England.

PEINADOS DEL SIGLO 18 (18TH CENTURY HAIRDO)– Wendy Cooper, *Hair: Sex, Society, Symbolism* (New York: Stein and Day, 1971), 148.

Capítulo Cinco
MUJER VICTORIANA (VICTORIAN WOMEN)–*This Fabulous Century 1870-1900*, Hedley Donovan (ed.) prelude (New York: Time-Life Books, 1970), 190.

Capítulo Seis
IRENE CASTLE–Bill Severn, *The Long and Short of It: 5000 Years of Fun and Fury over Hair*, (New York: David McKay, 1971), 23.

¿SU CABELLO REVELA SU CARACTER? (DOES YOUR HAIR REVEAL YOUR CHARACTER?)– Popular Mechanics Archives.

MARY PICKFORD–Mary Pickford, "Please May I Bob My Hair?" *Liberty Magazine*, April 1927, *The Liberty Years 1924-1950: An Anthology*, Allen Churchill (ed.) (New Jersey: Prentice-Hall, 1969), 10-12.

MUJER CONSIGUE UN CORTE DE CABELLO BOBBED (WOMAN GETTING HER HAIR BOBBED)–*This Fabulous Century 1920-1930*, Maitland A. Edley (ed.), vol. 3 (New York: Time-Life Books, 1969), 32.

Capítulo Siete
UN PUNK ROCKER (PUNK ROCKER)–Ted Polhemus, Street Style from sidewalk to sidewalk (New York: Thames and Hudson, 1994), 92.

Capítulo Ocho
EL REY RAMSES II Y LA REINA TIY (KING RAMSES II & QUEEN TIY)–James Putnam, *Mummy* (1992; New York: Alfred A. Knopf, 1993), 36 & 37,

EL CABELLO Y EL CUERO CABELLUDO (HAIR & SCALP)– Marion Mathews and Renske Mann, *Hair Magic* (New York: Arco Publishing, Inc., 1984), 16.

SECCIÓN TRANSVERSAL DE CABELLO (CROSS SECTION HAIR)–Marion Mathews and Renske Mann, *Hair Magic* (New York: Arco Publishing, Inc., 1984), 17.

LA VISTA DE LONGITUD DE CABELLO (LENGTH VIEW OF HAIR)–Jonathan Zizmor, MD, and John Foreman, *Superhair: The Doctor's Book of Beautiful Hair* (New York: Berkley, 1978), 16.

LA PRIMERA MÁQUINA DE PERMANENTE (FIRST PERM MACHINE)–Wendy Cooper, *Hair: Sex, Society, Symbolism* (New York: Stein and Day, 1971), 180.

LA SEÑORA VICTORIANA CON SU CABELLO ASI ABAJO (VIC- TORIAN LADY WITH HAIR DOWN)–Marion Mathews and Renske Mann, *Hair Magic* (New York: Arco Publishing, Inc., 1984).

Capítulo Nueve

COMO TRABAJA EL ADN CON HUELLAS DIGITALES (HOW DNA FINGERPRINTING WORKS)–Ed Timms and Steve McGonigle, "Las Pruebas de ADN Demuestran Útil a la Defensa y Acusador Iqual" ("DNA Tests Prove Useful to Defense, Prosecution Alike"), *Dallas Morning News*, 11 April 1993, vol. 5, art. 9, 1A.

Capítulo Diez

UN RETRETE AL AIRE LIBRE (AN ALFRESCO TOILET)– Woodmansterne Publications LTD, Watford, ED1 8RD, England (1889).

Los Créditos de los Cuadros

"Pero ¿por qué tuve que pedir prestada esta copia?"

If that is what you're thinking, you can order additional copies by taking a few minutes to fill out the back of this form. And why not order a book for a friend? I'm sure she would appreciate it. A book is always an appropriate gift. So what are you waiting for? Live seminars are also available by contacting Juli. Make a note on the back of the form. For a prompt response, send it to:

Juli Jasinski
4 Winterberry Road
Pelham, NH 03076
Titles Available:
My Hair, My Glory, Is there really any significance?
Mi Cabello, Mi Gloria,
Hay Realmente Alguna Importancia?
Daring Dos for Extremely LONG hair
& Basic Hair Care Tips
NEW ITEMS:
Her Ebony Glory: A Tribute to My Sisters of Color

With biblical, historical, and practical information, Juli Jasinski tackles an often overlooked topic. Scripture states that a woman's hair is given to her for her glory. Black ladies often have trouble with their hair not growing. Sister Jasinski offers a thorough history of black women and hair, dispels myths, and offers suggestions for hairdos.

My Hair, My Glory DVD

Juli's book *My Hair, My Glory* comes alive with this seminar. It will encourage, strengthen, and solidify your conviction. The material gained in this seminar will be enough to take back the territory of holiness standards that have been captured by our enemy.

DVD Workbook

Go to Amazon.com

Sobre el Autor

Es maravilloso ver cuando Dios dirige, mientras transfor- mando y bendiciendo a las per- sonas. Uno de los premios de ser un pastor es dar testimonio de lo que Él puede hacer con las personas que sean sometido a Él.

Juli es tal una persona. Ella nació de nuevo hace más de di- eciséis años del agua y Espíritu. Yo he apreciado grandemente su crecimiento espiritual y dedicación. Juli se ha transformado verdaderamente por el poder de Dios.

Ella se ha motivado por un deseo de ayudar a otros, y esto es evi- dente por su obra en el trabajo del altar, el Ministerio de Celda, instruc- ción de la Biblia, y ayudando a su marido en la enseñansa de los nuevos convertidos.

Juli ha demostrado con su continua educación que ella tiene un deseo de entendimiento. Cuando usted lea este libro se pondrá evidente que ella ha gastado mucho tiempo en la investigación, oración y estudio. Aun cuando usted no está de acuerdo con cada punto que ella hace, usted tendrá que admitir que este libro viene de su corazón. Yo creo que su motivación es pura y su deseo es ser una bendición para el reino de Dios.

Nosotros amamos a Juli, Stan y bebé Andrew, y oramos que Dios continuará dirigiendo sus pasos.

Jimmy Shoemake
Pastor del Pentecostés de San José,
UPCI Miembro de Misiones extranjeras

Made in United States
Troutdale, OR
07/09/2024

21108247R00120